洪佳惠　主编

泮池 倾听
——上海大学口述实录
（第二辑）

上海大学出版社
·上海·

图书在版编目（CIP）数据

泮池　倾听：上海大学口述实录. 第二辑 / 洪佳惠主编 . -- 上海：上海大学出版社，2024. 8. -- ISBN 978-7-5671-5057-7

I . G649.285.1

中国国家版本馆 CIP 数据核字第 2024YF3376 号

责任编辑　傅玉芳
封面设计　柯国富
技术编辑　金　鑫　钱宇坤

泮池　倾听
——上海大学口述实录（第二辑）

洪佳惠　主编

上海大学出版社出版发行
（上海市上大路99号　邮政编码200444）
（https://www.shupress.cn　发行热线 021-66135112）
出版人　戴骏豪

*

南京展望文化发展有限公司排版
上海新艺印刷有限公司印刷　各地新华书店经销
开本787 mm×960 mm　1/16　印张13.5　字数187千
2024年9月第1版　2024年9月第1次印刷
ISBN 978-7-5671-5057-7/G · 3633　定价 78.00元

版权所有　侵权必究
如发现本书有印装质量问题请与印刷厂质量科联系
联系电话：021-56683339

前言
FOREWORD

历史，是一部承载着无数记忆与经验的厚重篇章，它如同一条绵延不绝的河流，流淌着过去的记忆，激荡着未来的希望。在这条时间长河中，高校历史占据着独特且重要的位置。高校历史不仅代表着一所学校的成长轨迹和教育理念，更折射出一个时代的社会文化，成为师生们的共同回忆和精神寄托，它承载着文化传统和办学理念，形成独特的人文积淀。同时，历史也是高校发展的一面镜子，通过回顾历史，可以洞察学校各个时期的发展状况，为未来提供指导。不仅如此，高校历史还蕴含着先辈们的奋斗精神和爱国情怀，这也是激励后来者不懈奋斗的动力源泉。

口述历史是历史的重要组成部分，弥补了传统档案在历史细节上的不足，通过当事人的回忆和讲述，可以再现历史事件的真实面貌。口述历史生动而具体，于"小细节"中看"大事件"，令聆听者和阅读者得以深入了解历史的细微之处和背后的来龙去脉，以富有感染力的方式引发人们对历史的理解和认同。在高校历史中，口述历史更发挥着立德树人、铸魂育人的重要作用，将高校的文化传统和精神底蕴"润物细无声"地传递给年轻一代。

上海大学，历经沧桑而依旧风华正茂，其校史不仅仅是文字的简单记载,更是一代代上大人共同的记忆与传承。在这本书中,我们以口述历史的方式,对多位亲历上海大学重要历史事件的"上大老人"和校友后人进行访谈,共同回顾那一个个珍贵的历史瞬间。他们中有亲历1994年四校合并并见证学校发展的吴程里书记、毛杏云副书记、沈学超副校长、曾文彪秘书长,也有亲历1983年上海大学"重光"的社会文化学者胡申生老师,在他们的脑海中牢牢镌印着学校发展的点点滴滴,在他们的话语中真切流露出对学校往昔的眷念与深情。他们中,还有早期上海大学教师杨贤江烈士嫡孙杨杰先生、早期上海大学学生林钧烈士长孙朱风先生、孙媳胡素丽女士,早期上海大学学生郭毅幼子郭也平先生,早期上海大学附中学生江锦维之子江企平先生、江兆平先生,他们讲述父辈的革命经历,感怀父辈的谆谆嘱托,传承父辈的红色血脉,同时也对今日的上海大学表达了殷殷的期待。

  在口述历史采集及本书的编撰过程中,我们深刻感受到学校历史的厚重与传承的重要。我们期望通过这本书,让更多人了解并珍视学校的历史和文脉,同时感受到口述历史的独特魅力。更重要的是,我们希望这些口述历史能成为连接过去与未来的桥梁,激励上海大学师生在新的历史时期继续传承和发扬学校的优良传统和精神风貌。

目录 CONTENTS

上 篇

钱校长的"粉丝"和"拍档"——采访上海大学原党委书记吴程里 …… 002
  厚积薄发 ………… 003
  校长精神 ………… 006
  冲破藩篱 ………… 008
  青年寄语 ………… 013

上大的"四种精神"——采访上海大学原党委副书记毛杏云 ………… 015
  参加新上大组建工作 ………… 016
  上大七次党建会 ………… 020
  加强干部队伍建设 ………… 021
  上大的"四种精神" ………… 024

新校区的"大管家"——采访上海大学原副校长沈学超 ······ 027
  建设缘起 ······ 028
  校园理念 ······ 030
  迎难而上 ······ 034
  底线与节俭 ······ 039
  文化传承 ······ 041

一辈子的"上大人"——采访上海大学原秘书长曾文彪 ······ 043
  土生土长，见证发展 ······ 044
  四校合并，紧密化合 ······ 046
  一波三折，跻身"211"之路 ······ 054
  一体两翼，新校区建设 ······ 058
  2007年，经历和回顾的分水岭 ······ 061
  钱校长的"上海情缘" ······ 065
  推行"三制" ······ 069
  学科布局 ······ 074

心系上大，情牵一生——采访社会文化学者胡申生 ······ 082
  青年岁月，与上大相遇 ······ 083
  从始至终，与上大共进 ······ 095
  上海大学建设：是一种融合，而非一种堆砌 ······ 100
  社会学发展：筚路蓝缕，继往开来 ······ 107

附录：相关档案

- 一、1958—1994 年的"四校" ········· 112
  - （一）上海工业大学 ············· 112
  - （二）上海科学技术大学 ········· 115
  - （三）上海大学 ················· 119
  - （四）上海科技高等专科学校 ····· 127
- 二、1994 年后的上海大学 ············ 129
  - （一）四校合并 ················· 129
  - （二）党建工作 ················· 135
  - （三）学科布局 ················· 136
  - （四）跻身"211" ················ 138
  - （五）新校区建设 ··············· 141
  - （六）本科教学工作水平评估 ····· 150
  - （七）明确钱伟长教育思想 ······· 154

下　篇

不灭的爱国之火——采访江锦维子江企平、江兆平 ········· 158
- 难以忘怀的峥嵘岁月 ··············· 159
- 迭年不变的同学情谊 ··············· 161
- 代际相承的爱国思想 ··············· 164
- 青年寄语 ························· 166
- 附：父亲的回忆 ··················· 167

呕心沥血为革命，一片丹心映赤忱——采访杨贤江嫡孙杨杰 … 177
- 中国革命教育的先驱 … 178
- 学生运动的使命 … 179
- 天通庵之战 … 181
- 红色朋友圈 … 183
- 杨贤江在上大 … 185
- 祖母姚韵漪 … 186
- 师生寄语 … 187

红色家谱　烈火流年——采访林钧长孙朱风 … 189
- 踏入上大 … 190
- 革命风云 … 191
- 传家之韵 … 193

革命精神不朽　优良家风长存——采访郭毅幼子郭也平 … 195
- 革命之路 … 196
- 良师益友 … 198
- 亲友眼中 … 199
- 优良家风 … 200
- 红色血脉 … 201

后记 … 203

上　篇

钱校长的"粉丝"和"拍档"——采访上海大学原党委书记吴程里
上大的"四种精神"——采访上海大学原党委副书记毛杏云
新校区的"大管家"——采访上海大学原副校长沈学超
一辈子的"上大人"——采访上海大学原秘书长曾文彪
心系上大，情牵一生——采访社会文化学者胡申生
附录：相关档案

钱校长的"粉丝"和"拍档"

——采访上海大学原党委书记吴程里

采访时间：2023 年 9 月 7 日
采访地点：上海大学离退休工作处
采 访 人：蒋菁（主持） 卢志国 洪佳惠 纪慧梅
整 理 人：吉雯璇

吴程里

1936 年生，安徽肥东人。中共党员，研究生学历。副教授。

1986—1992 年，任上海科学技术大学党委副书记、党委书记。1992—1994 年，任上海工业大学党委书记。1994—1998 年，任上海大学党委书记。1962 年，毕业于华东师范大学物理系无线电电子学研究生班。历任华东师范大学物理系助教，上海科学技术大学无线电系无线电通信教研室助教、讲师、室主任，无线电系副主任，上海科学技术大学教务处副处长，上海市政府教卫办教育处处长。1995 年，获全国教育系统劳动模范称号。为上海市第十一届人民代表大会常务委员会委员、教科文卫委员会副主任委员、法制委员会委员。

钱校长的"粉丝"和"拍档"——采访上海大学原党委书记吴程里

厚积薄发

钱伟长校长原先是清华大学的副校长。但在 1957 年,他被错误地划为"右派"。当时的教育局领导并未为他平反。后来,上海市市长汪道涵在北京时,中央为了缓和这一矛盾,便请汪道涵将钱伟长邀请到上海帮忙办教育,因为那时的上海教育状况亟待改善。汪道涵与钱伟长关系深厚,因此他欣然接受了这一任务。钱伟长完成在北京的工作后,便来到了上海。当时上海交通大学也有意邀请他,但由于交大仍归教育部管辖,所以汪道涵建议钱伟长转向上海的地方学校。当时,上海工业大学领导多次盛情邀请,最终钱伟长同意到上海工业大学任职。钱校长最初考察工大,觉得工大不像是一个大学,而是一个"技术学院",但是当时他仍然向汪道涵许诺,他会尽他最大的努力给上海办一所好的大学,一所优秀的一流大学。

我第一次见钱校长是在上海工业大学、上海科学技术大学两校合并时。当时国家办"211 工程","211 工程"就是面向 21 世纪办好 100 所大学,当时上海的第二医科大学申请了"211",因为原则上地方高校只能申请一所,工大和科大单独申请成功的可能性很小,所以我们当时就和科大的领导班子商谈两校合并。按照原来科大校长郭本瑜的说法,在上海所有高校中,工大、科大算"第三世界"中比较好的大学,可以算"2.5 流"大学,如果能进"211"的话,就可以跻身更好的大学行列去,因此我们一拍即合,谈得很顺利。于是我们开始商量具体的名字,开始叫"上海理工大学",英文名就是科大的名字,Science and Technology。原来工大的书记郑令德调到市教委当书记,由我来当学校书记,我们将这个方案报到上海市，市教委也基本上同意。这个方案到了当时的市委书记吴邦国手上时，他说这不还是一个单科学校，我们要创办一所综合类大学，可以将上海大学也合并进来，于是到1994年时上海大学和科专也顺利合并进来。所有学校合并之后，钱校长就召集大家讨论学校叫什么名字，后来我们商量还是叫上海大学，这个名字以城市命名，就像北京大学、厦门大学、南京大学一样，虽然新组建的上海大学还比较弱，但是我们就立志要创建一所一流学校。当时原上海大学的领导杨慧如提出，以前也有上海大学，是上世纪20年代国共合作时期创办的，学校主要是共产党主持的，为我党培养了一大批杰出的革命家。因此，我们认为，为了办好新上海大学，应该学习、继承、发扬老上海大学的办学传统和革命精神。这样，办好新上海大学我们就有了两个独特的条件：一是学习、继承老上大的红色基因，二是有钱伟长教育思想。

后来我们上报了"上海大学"这个校名，钱校长还请到了江泽民题写校名，最后就定了叫上海大学。但是我们当时申请"211"有两个困难，当时的教育部副部长韦钰认为，一是上海大学本身底子较差，二是科专作为一个专科学校包含在里面好像会成为一个阻碍。但当时在钱校长的带领下，我们是非常有底气的，因为我们有较强的学科为支撑。在上世纪80年代中期，市政府为了提高地方高校办学水平，提出在地方高校中重点建设20个左右学科，这主要分布在三个学校，即工大、科大、二医，三个学校各自有6—7个学科，其他学校有个别布点。为了建设这些学科，市政府给了三大政策：一是每年投入1 000万元，支持5年；二是开放500个上海户口（当时上海户口是冻结的），引进人才；三是配置一批住房，专供引进专家用。这样，工大、科大合起来就有10多个重点学科，在全国地方高校中有较大的优势。

合并初期我们有两个目标：一个是真正成为一所综合类大学，另一个是进入"211"。合并时，四校分布在9个区县，有11个办学点，基本上都是办学实体（群众当时说，上海多大，上海大学就有多大）。因此，要组成一所综合大学，首先要解决"分散"问题。所以我们提出要新建一个校区，把各个点合在一起（当时，大家说不能搞成"独联体"）。根据学校规模和今后发展，需要征地3 000亩。市政府也同意这个方案，但是找来找去找不到合适的地点，我们首先去张江，张江当时是赵启正主持工作，他们只需要理工科，后来我们到了嘉定，但是嘉定的农村土地需要种粮食保证上海粮食供应，只能给我们500亩地，后来我们想要从嘉定高速公路到上海出口的3 000亩地，但是当时那片土地到处在打桩，地价已经涨上来了，我们没钱买这块地皮。最后徐匡迪帮我们找，才找到了现在的宝山校区1 500亩地，徐匡迪把我和方明伦找去劝说钱校长，说实在不行去宝山，吴淞口那边有3 000亩地，但那个是远郊也比较麻烦。徐匡迪说，将来上海市的规划是外环线内是市区，宝山这个地方就是市区，引进人才也方便些，老师是市区户口，他们的子女在上学就业上也方便些。为了解决交通问题，上海市还会规划一条地铁到宝山校区校门口，这样师生到市中心就方便很多。于是，我和方明伦到北京去听取钱校长的意见，他也点头同意了，实行"一体两翼"的模式，科大、工大保留原有的校区，其他地方卖掉，我们就形成了现在这样的格局。在这种情况下，我们就把新校区建设出来了，在这过程中没有钱校长和市领导的支持我们是做不到的。

学校新校区的建设规划是由市政府决定的。新校区的中标设计来自浙江建设设计院，一些独特设计如校门口到图书馆的"斜路"是根据上海的风向设计的，教学楼是香港设计的。设计好模型后，我们将其带到西郊宾馆（当时康平路市委办公厅大修，临时在西郊宾馆办公）展示给黄菊、徐匡迪、王力平、龚学平、周慕尧等市领导，获得他们的认可。新校区建设小组的组长是钱校长，副组长包括我、方明伦和沈学超。当时周慕尧负责征地工作，由于是市政府出面征地，宝山区大力支持，农民的安置工作就由宝山区负责，这大大加速了动迁进程，否则可能三年都未必能完成。因此，没有市领导的支持是不行的。

校长精神

钱校长非常赞成建立综合类大学，因为在他理解中，工大是培养工程师的大学，科大原来是中国科大上海分校，这两个学校一个搞基础研究，一个搞应用研究，工大更像一个技术学院，因此两校融合后，钱校长提出要改变过去单纯培养工程师的情况，我们上海大学培养的学生应该有健全的人格，这就体现了钱校长兼容并包的思想。钱校长强调，我们的首要任务是培育爱国者，其次是造就全面发展的人才。他明确指出，教育的核心在于育人，而非仅仅培养工作者。一个人步入社会后，应当成为一个全面且合格的人。因此，钱校长将育人确立为学校的主要培养目标。他坚信，只有综合类大学才能培养出既具备人文精神又富有科学精神的全面人才，这是单一学科学校所无法企及的。钱校长自己就是一名爱国者，他是我们年轻时的偶像，我们可以称得上是他的"粉丝"。当他在美国从事火箭导弹研究时，他的导师冯·卡门将科研重任交给了钱学森先生和钱校长，这让我们对他们充满了敬意。后来，我有幸与钱校长一同办学，这段经历对我而言是无比光荣的。

钱伟长不仅是一位校长，更是杰出的科学家、教育家和社会活动家。他学贯古今、融合中外，拥有深厚的家学渊源，在育人方面有着独到的见解。四校合并后，钱校长提出了我们的校训"自强不息"，强调这是中华民族的精神之魂，《易经》中就提到了"蒙以养正，圣功也"的优秀传统，意指小学启蒙教育要培养正气，这正是至圣之功。钱校长的教育理念始终坚持培育身有正气、心怀社稷的青年。后又加上了范仲淹"先天下之忧而忧，后天下之乐而乐"的思想，他认为这是中国知识分子立身的最高原则，一个知识分子应该忧国忧民、为国为民。在这方面，钱校长不仅是积极的倡导者，更是身体力行的实践者。举个例子来说，当时他在上海创办力学研究所时，对下属的要求非常严格。力学所曾先后培养出四位杰出的干部，包括黄黔副校长（后来担任教育部科技司司长）、周哲玮、刘宇陆和冯伟。钱校长对他们的要求非常严格，不仅关注他们的业务能力，更注重他们的思想端正和全面发展。当周哲玮拿到博士学位后询问钱校长下一步的发展方向时，钱校长鼓励他思考自己能为国家做什么，这充分体现了钱校长在培养人才时的高标准和全面发展理念。

我们的校训背后蕴含着一个深刻的故事。当时，我作为书记，陪同钱校长前往张家港市考察。张家港市原名沙洲县，是由无锡市周边几个经济较为落后的县合并而成的。钱校长曾亲自帮助他们制定发展规划，推动经济发展。在那个时候，沙洲县提出了"团结拼搏、负重前进、自加压力、敢于争先"的口号，在工作中要做到"千言万语、千辛万苦、千方百计"，并且在短时间内成功蜕变为全国先进的张家港市。钱校长带我去张家港，实际上是对我进行了一次生动的思想教育。他强调了自强不息的重要性，并指出半年内合并大学并办成一流大学是一项艰巨的任务，需要我们付出巨大的努力。这种精神在新校区建设中也得到了体现，校区内我们特意留了一条路命名为"张家港路"，意在提醒干部领导在遇到困难时，能够到这里来静心思考，汲取前进的动力。张家港市的持续发展离不开人才的支撑，因此，钱校长为他们创办了沙洲工学院，他深知当地师资条件有限，要求我们全力支持其发展。钱校长经常给我们做思想工作，强调自强不息的精神。他勉励我们要像张家港人一样，努力将学校建设成为一流大学。对于他来说，"211"大学仅仅是一个起点，他的目光远不止于此。

钱校长对体育也极为重视。他认为在足球、篮球等运动上，我们与外国队伍存在差距，但在表演性运动项目，如乒乓球、游泳和体操方面，我们有着自己的优势。国家排球队队长和多名运动员也曾是我们学校的学生。不仅在排球，我们在乒乓球等项目上也屡获殊荣。这都证明了钱校长的独特观察力和高明判断。他的全面素养和深厚底蕴，为我们树立了榜样，也引领了学校在体育方面的发展。

冲破藩篱

　　钱校长创新的教育思想中，一个显著的亮点就是他所倡导的"三制"。以选课制为例，他强调要培养师生的独立思考和自主选择能力；又以短学期制中的实践学期为例，他深知课堂教育的书本知识只能解决理论层面的问题，而真正的创新灵感来源于实践。因此，他鼓励学生积极参与实践活动，通过观察、探索和思考来培养创新思维。在广东高校的一次座谈会上，与会者深入探讨了如何培养德智体全面发展的社会主义建设者和接班人。当时，广州学生可以去香港，对思想教育工作提出了新课题。大家普遍认为，过去的教育模式相对封闭，过于注重单向的知识灌输；现在，在开放条件下，如何全面坚定贯彻党的教育方针是一个新课题。对此，钱校长提出了"打破四堵墙"的理念，即教育要开放创新、解放思想，钱校长提议让学生不分班级、专业，自由选择室友，以促进不同背景学生间的交流与合作，这一想法来源于钱校长本人的求学经历，他曾与曹禺同住一室，两人分别擅长逻辑思维和形象思维，通过交流互补，使彼此看问题更加全面，受益匪浅。根据当时的实际情况，党委提出一个"社区"模式，为学生提供一个不分年级、班级的自由交流平台，后来发展为"社区学院"。在这里，学生可以跨越界限，与志同道合的伙伴共同探讨学术问题、分享生活点滴。同时，钱校长也强调辅导员角色的转变。他认为，辅导员不应仅仅是"保姆"和"警察"的角色，而应成为学生人生道路上的引路人，为他们提供必要的指导和帮助。经过一系列的改革实践，我们的教育模式取得了显著的成效。当时，清华大学党委副书记陈希曾来校考察，对我们的社区模式给予了高度评价。校团委在组织的各类活动中，也参照这种模式，自由选择、积极参与，只需向党支部书记汇报即可。通过这种方式，我们成功地为学生营造了一个更加开放、自由的学习环境。

　　钱校长在教育领域的另一项重要创新改革是学科改革。我们学校在合并初期，为了打破专业间的壁垒，实现知识与艺术的融合，创建了一些具有前瞻性的学院，如电影学院的前身——影视技术艺术学院，就是出于这样的考虑而成立的。当时，国外的交响乐团来我校演出时，对我们的录音效果不满意。原因是搞录音的人不懂音乐，而搞音乐的人又不懂录音技术。为了解决这个问题，我们决定培养既懂音乐又懂技术的人才，于是创办了技术与艺术相结合的学院，从而打破了专业与专业之间的隔阂。在合并过程中，我们也充分发挥了专业互补的优势。如在冶金专业方面，工大的金属材料与科大的无机非金属材料形成了互补，使得合并后的专业更加全面和完整。在实验设备方面，科大可以充分利用工大的资源进行实验，而计算机学院也早在合并之前就展开了紧密的合作。针对工大和科大之前缺乏文学院的问题，两校都开设了大学语文课程，以培养学生的形象思维能力，合并后有了文学院，为学生提供了更广阔的学术视野。多校合并的优势就在于这种专业互补性，它使得我们可以整合各方资源，提升整体教育水平和研究实力。

另外，我们学校实施了学分制，这意味着学生可以自主选择课程，只要学分修满即可毕业。这种制度允许学生跨学科选课，同时选一些文科和理科的课程。在过去，我们曾有严格的专业规定，比如通信专业的学生只能学习通信课程，材料专业的学生只能学习材料课程。但为了拓宽学生的知识视野，我们当时尝试做出一些改变，并请了文学院的董乃斌老师编了一本《中国古典文选选编》供大家学习。在学院建设方面，我们也积极邀请了众多知名学者加入。例如，影视学院请来了谢晋，文学院则邀请了叶辛。叶辛后来还撰写了一篇关于钱校长的长篇记叙文《钱伟长，从七房桥走出来》，以表达对钱校长的敬意和感激之情。

我原先来自科大，科大的办学背景与中科院紧密相关。最初，科大是中国科大上海分校，郭沫若是校长，但由于北京距离较远，管理上存在困难，后来就请了周仁做校长。科大后来主要围绕中科院上海分院来办学，形成了"院办校、所办系"的特色模式。在与钱校长交流科大的历史后，他委托我到中科院上海分院寻求校友的支持。在钱校长的指导和支持下，我们成功邀请到了一批优秀人才加盟学校。例如，杨雄里院士担任生命科学学院院长，蒋锡夔则出任化学化工学院院长。在通信领域，我们请来了匡定波院士，他在红外遥感领域享有盛誉，我们还计划安排学生到他们那里实习，以期为学生提供更多的实践机会和学术资源。通过这些举措，我们积极借助社会力量来推动学校的发展和教育质量的提升。

学校合并后，我们面临的首要任务就是重新规划学校的各个方面，因为过去的规划已经不再适用。在制定学校的总体规划后，各个学院也需要根据新的情况进行统一规划，包括思想工作方面也是如此。当时，我们实现了"五个一"的目标，其中之一就是实现了统一的财务管理。当时，四校经费不均衡，大家怕"一平二调"，我们严格管理财务，不允许乱花钱，对于需要分配和投入的资金，我们也会进行合理规划和安排。在合并初期，有两个学院面临着较大的困难：一个是美术学院，他们的食堂大修因为资金短缺而无法进行，于是我们调拨资金进行援助；另一个是文学院，他们有一些欠账需要解决，我们也给予支持。此外，图书馆在合并初期也面临了一些问题，原来他们使用的是手工检索方式，而其他学校都已经采用了计算机检索。为了解决这个问题，我们也进行了相应的改进和升级，使得图书馆的检索方式更加先进和便捷。在合并过程中，我们始终坚持解决实际困难的原则，确保新学校的财务统一和各项工作的顺利进行。

要跻身一流大学的行列，竞争异常激烈。原本我们是地方"211"高校的领头羊，但现在苏州大学和郑州大学已经迎头赶上，这主要得益于它们得到了当地省市的鼎力支持。我们学校是由教委、教育部共建，与交大、复旦等学校相比，它们是与市政府共建，每年都能获得上海市政府的资金支持，这使得我们在教育经费上面临着较大的压力。马克思在《资本论》第一卷中就深刻阐述了经济问题的重要性。一个社会的发展水平和先进程度，归根结底是由生产力决定的。生产力发达的国家自然成为发达国家，而生产力落后的国家则沦为发展中国家。经济是基础,这一点在我们工大身上体现得尤为明显。我 1993 年来到工大的时候,我们曾经计算过培养一个工科生的成本,大概需要 15 000 元。然而,国家给我们的经费却只能覆盖每个学生大约 10 000 元的费用。为了弥补这一缺口,我们按照钱校长的要求,尝试进行了一项改革:不参加高考,而是根据会考成绩和高中平时成绩来招生,并收取 5 000 元的学费。这样一来,我们就能够补齐教育费用了。尽管我们在第一年成功招收了一批优秀的学生,但遗憾的是,教育部在第二年驳回了我们的方案。不过幸运的是,我们最终还是实现了招生改革的目标。

在合并的时候,我们的科研经费排名全国第十二,申请国家纵向科研经费有一定的困难,因为我们不是部属的地方学校,需要自行到市场上寻找资金支持。有一年,我和方明伦向钱校长提出建议,希望所有系主任在暑假期间不要休息,而是到社会上去寻找横向投入。当然,我们也理解有时候可能找不到合适的项目,因此并不会对此进行批评。哪怕到现在,我们的经费还是相对较少,我们的经费只有 40 亿元,和我们规模相当的清华大学有 400 亿元。

我们积极听取大家的意见,发动全校的老师共同为学校的发展出谋划策。在工大,我们设立了一个教授食堂,这样教授们就可以避免在学校食堂排长队等餐的情况。同时,教授食堂还提供了点菜服务,并给予一定的补贴。这个补贴是方明伦提出来的,每个人的卡上每月都会增加几元钱。教授食堂看似是一项照顾教授们的福利措施,但实际上它也是学校发展的一个重要阵地。在这里,不同学科的教授可以进行交流,分享彼此的见解和经验。同时,学校也可以通过教授们的反馈了解教师对学校的意见和建议。就像清华大学校长梅贻琦一样,他在遇到重大问题时都会召开教授会议,听取大家的意见。如果教授们普遍不赞成某项决策,他就会考虑放弃或调整,因为教授们对学科发展和学校发展有着深刻的理解和独到的见解,他们的意见对于学校的决策具有重要的参考价值。

钱校长对党委工作非常关注与支持。他认为党委应该加强领导，支持"党管干部"的原则，凝聚全校师生员工的力量来实现学校的目标。合并之初，我们需要对各项工作进行全面规划，包括教学、科研、学生工作等各个方面。为了实现这一目标，各个部门都需要紧密协作，共同提出具体的政策措施。在此过程中，大家一致认为，首先需要加强党建工作，通过党建来提出总规划和总要求，以确保各个部门能够围绕一个总原则来开展工作。因此，我们持续开展党建会议，主题是"围绕中心抓党建，抓好党建促中心，检验党建看中心"。后来，我们将"检验党建看中心"修改为"检验党建看发展"，以更准确地反映我们的工作重心。我们的中心工作是努力进入"211工程"行列，并成立一所真正的综合性大学。新上大的建设也是围绕这个目标进行的。推动中心工作落实需要各级组织，特别是干部来做。当时，四校合并起来干部较多（群众称，局级干部一走廊，处级干部一礼堂，科级干部一操场），把干部安排好、组织好十分重要，党委强调所有人，特别是党员干部，要服从大局，以学校整体利益为重。在干部安排上，党委提出了几项原则：一是要服从大局，讲党性，不计个人得失；二是要五湖四海，德才兼备，通过主管领导提名、组织部门考核、党委无记名投票的方式来选拔干部；三是实行"七上八下"政策，即57岁留任、58岁转至二线。同时，我们保证所有干部的待遇不变，原来是处长的依然保留处级待遇，平稳地安排好干部工作。在政策执行过程中，钱校长不在学校时，我作为主持工作的负责人，积极征求其他三位常务副校长的意见，做好行政统筹协调工作。我们注重思想工作，努力使大家在思想上保持一致。对于每项决策，我都会说明情况、解释原因，并听取其他同志的意见。我们的领导班子非常团结、相互尊重、协调一致，因此工作进展顺利，没有太大的矛盾。由于我们的合并工作取得了显著成效，国务院副总理李岚清曾多次称赞上海大学是全国合并最成功的范例之一，并介绍其他学校来我们这里学习经验。因此，在1994年，由中组部、中宣部、国家教委党组评选，我校被评为党建优秀单位，并得到奖励，上海的另一所获奖学校是同济大学。1993年，也曾评过一次，各省市一所，上海市被评上的是上海工业大学。

青年寄语

我认为，上海大学要跻身一流大学之列，必须秉承钱校长的办学理念，不断坚持和创新，以自强不息的精神克服前进道路上的种种困难。尽管在现阶段，要将上海大学办成一所全面一流的大学的困难很多，但我们完全可以先在某些学科领域达到世界一流水平，就像麻省理工学院在理工科领域的卓越表现一样。因此，我们应该集中人力、财力和物力，选择特定的领域进行重点突破，以期在这些领域内真正达到一流水平。上海大学所培养出的学生，应该具备钱校长所倡导的爱国情怀，拥有忧国忧民、为国为民的宏大格局。我深信，只要我们坚持这样的办学理念，必定能够培养出一流的人才。

吴程里接受口述历史档案采集团队访谈

上海作为一座一流城市，如果上海大学只能培养出二流人才，这显然是不相称的。我们必须紧跟上海的发展步伐，努力将上海大学建设成为一所一流大学。尽管我们的办学历史在历史长河中只是短暂的一瞬，但我们必须认识到，一流大学的建设不能急于求成。我们应该继续集中人力物力，全力以赴地办好学校，通过学科发展来带动学校的整体发展。我对上海大学成为一所一流大学充满信心，相信我们一定能够走出一条属于自己的发展道路。

上大的"四种精神"

——采访上海大学原党委副书记毛杏云

采访时间： 2014 年 5 月 23 日
采访地点： 上海大学老年大学办公室
采 访 人： 吴静（主持） 徐国明 郑维 张友菊
整 理 人： 吴静

毛杏云

1940 年生，浙江余姚人。中共党员。教授。

1993 年，任上海科技大学党委副书记。1994 年，任上海大学党委副书记。曾兼任上海大学党校校长、上海大学党建研究会副会长。1999 年，兼任上海大学老年大学校长。1964 年，毕业于上海交通大学船舶制造系。历任上海交通大学船舶制造系学生政治指导员、团总支书记、党总支副书记，上海交通大学数学系党总支副书记、党总支代理书记、党总支书记，上海交通大学二部党委副书记，上海交通大学校长助理。曾兼任上海市党建研究会理事、上海市教卫系统党建研究会常务理事。2001 年退休后，历任上海杉达大学党总支副书记、上海交通大学校史编纂委员会秘书长。1986 年，被评为上海市优秀宣传工作者。1985 年、1991 年被评为上海市三八红旗手。曾被评为全国教育系统关心下一代工作先进个人、上海市教卫党委系统优秀党务工作者、上海市老年教育工作先进个人。

参加新上大组建工作

1959年,我进入交大学习。1964年,我大学毕业后就留校工作,先后做过政治辅导员、党总支副书记、党总支书记。1987年,交大闵行校区第一期竣工后,成立了闵行二部党委,我任党委副书记,后来做了校长助理。1993年,我调入上海科技大学。

我到上海大学工作其实经历了一个思想解放的过程。早在1991年6月,时任上海市教委党委书记刘克同志找我谈话,表示原上海大学党委副书记年近退休,想把我调过去。但当时,我思想还比较保守,一来,当时的上海大学虽是综合性大学,而我是理工科出身,担心不能胜任;二来,我在交大学习、工作近30年,具有很深的情感。所以到7月份,我给党委写了封信,表示感谢组织的信任,但鉴于对交大师生的感情,不舍得离开,婉言谢绝了。1992年,有两件事对我触动很大,思想也解放了不少。第一件事就是小平同志的南方讲话,要求领导干部应努力成为解放思想、勇闯禁区的先行者。第二件事是,当时我作为处级干部进入了国家行政学院中青年班学习,自然而然,这段时间结识了许多同志,也包括局级干部,大家一起学习、一起交流。这次学习增加了我对工作的信心,使我觉得只要自己努力,还是可以胜任更高层次、独当一面的工作。

1993年2月,中共中央颁布了高等教育改革和发展纲要,提出国家要在21世纪重点建设100所高校,就是我们熟知的"211工程"。当时,教育部提出每个省、直辖市至少有一所高校跻身"211"。在这样的背景下,市委组织部讨论决定将我调任到上海科技大学任党委副书记,主持工作。1993年7月9日，时任市委组织部部长罗世谦同志找我谈话，实质是在考察干部。8月4日下午，市委组织部副部长正式找我谈话，说市委在7月17日讨论决定要调我到上海科大任党委副书记。另外还告诉我，国家教委已经批准上海科技大学和上海工业大学合并，将来一起进行"211工程"建设，将我调入上科大，主持、协调好相关工作，鼓励我将压力变成动力。

1993年9月16日，是我进入科大任职的第一天，这一天我永生难忘。当时，市教卫党委的领导很重视，党委书记郑令德、副书记项伯龙、秘书长陈一平、纪委书记阮显忠等五位同志陪我去任职并和科大校领导见面。参加见面会的科大校领导有校长郭本瑜，副校长徐得名、阚敏、高廷春，纪委书记廖由雄等同志。我在会上表态，要做到八个字"学习、改革、求实、党建"。9月17日下午，在科大教师节表彰大会上，我作为科大新的一员与全体教师见面了。我到科大不久，申报"211"工作就进入了议事日程。

9月29日，我们请上海工业大学党委书记吴程里同志到上海科大介绍上海工业大学进行"211"建设情况。10月5日，我和郭本瑜校长到上海工业大学讨论"211"建设。这之后我们成立了一个起草组。

之后，市委开始讨论上海科大、工大、上大、科专四校合并问题。我认为这是贯彻小平同志"三个面向"思想、进一步贯彻中国高等教育发展纲要的一个重大举措，同时也是深化、优化上海高等教育结构和布局的重要行动。这四所高校各有特点，如果合并，优势互补，对于上海市建设一所地方性综合大学并入围"211"，适应上海经济发展和社会需要很有必要。从二十年来走过的历程来看，新组建的上海大学，发展相当快，没有辜负党中央和市委市政府对我们的期望。

1994年5月9日，根据上海市委88号文，组建了新上海大学党委班子，党委委员一共31人、常委9人，我担任党委副书记。5月12日，市教卫党委郑令德书记和市委组织部副部长找我谈话，我当时表态：中国有一句老话"士为知己者死",组织上这样信任我,我一定尽努力做好工作,克服困难,为上海争气。5月16日,新组建的领导班子第一次见面,一共18人,党委系统:书记、副书记3位、纪委书记;行政系统:校长、常务副校长3位、副校长5位、巡视员4位。郑令德书记、王生洪主任参加了见面会,郑令德风趣地称"十八罗汉",希望我们班子一定要搞好团结,良好的开端是成功的一半。我清楚记得开会地点在延长校区乐乎楼,那天天气特别热,空调又坏了,但大家精气神十足,王生洪主任、钱伟长校长、吴程里书记讲话后,班子成员纷纷发言。我发言的内容是关于干部问题,认为选择干部要能人不要庸人,要梯队不要平台,要优化组合不要照顾摆平。5月18日上午,我们召开了第一次由31人组成的党委会,下午召开第一次常委会。5月19日下午,在延长校区礼堂召开四校中层干部会议。5月27日下午,在上海展览中心召开新上海大学成立会,这一天也正是上海解放45周年纪念日。市委、市政府非常重视,方方面面的领导都来了。江泽民同志给我们学校题写校名,黄菊市长和钱校长为上海大学揭牌,市委副书记陈至立到会讲话,王奇作为教师代表发言。就这样,5月27日新上海大学正式成立了,从此我们开始了新的历程。

市里对我们新上海大学提出了六字要求:稳定、连续、开拓,要求我们班子加强学习、加强团结、抓紧工作。当时,时间十分紧迫,因为马上要招生了,要推行短学期制、学分制、选课制。而且,各部门机构都要重新设置,学科、专业、教学点也要按照"211"的要求统筹规划。原四个学校包括上海大学工学院的建制都撤掉,所有的操作都是按照新的上大操作,而且四校合并应该是化学反应,而不是物理反应,是组成一个新的上大。暂时保留了原上海大学文学院、国商学院、美术学院和法学院的建制,但是他们没有干部任免权了。5月27日以后,党委和行政开始集中办公,实行条块结合,以条为主。各个校区的机构都属于校部的派出机构。钱校长说,我们建立的这个学校应该是1+1+1+1＞4的,坚决不同意小于4，也不要等于4。

学校合并不久，我们面临很多困难。我现在总结一下主要有以下几个方面：

第一，校区分散。学校分散在9个区县、11个教学点。当时有一句流行话："上海有多大，上海大学有多大。"我们班子集体下去调研，整整花了一个月时间，才把9个区县、11个教学点跑遍。

第二，干部人数多。四所高校合并，干部自然多，群众调侃："局级干部一走廊，处级干部一礼堂，科级干部一操场。"原上海大学的各个学院都是副局级单位，学院领导虽没有进校领导班子，但是都属于"一走廊"里面的。由于我分管干部工作，核算一下属于机关的正副处级干部有272个人（1995年5月28日统计）。干部人数多，如何协调成为很敏感的问题。

第三，大家心态问题。调皮话、打油诗很多，从侧面反映出一些同志的心态。我们第一次见面，中层干部都是原来各个学校的，有的私下在那里算，坐在台上的校领导中，科大有几个、工大有几个……他们总希望，原来学校的领导能为自己的教工说上话，如果人少了肯定要吃亏。

第四，操作上的困难。四校合并，大大小小的问题实在太多了，这个也是可想而知的。

第五，改革力度大。由于建立的不是一个联合体，而是一个化合物，是一个崭新的上海大学，所以改革的力度很大。

党委和校领导班子一致认为面对困难绝不退缩，提出稳定是前提，改革和发展两个轮子一起抓，改革的目的就是为了发展。还提出千条万条工作，抓好党建是第一条，首先要抓好党的建设。党委提出了三句话："围绕中心抓党建，抓好党建促中心，检验党建看中心。"

这三句话，在我们每一次党建会场上，都悬挂着。我们还提出党的工作要硬件软化、虚事实做，党的工作一定要做得很实在，加强操作性。而且还提出了着眼点要高，着力点要低，要狠抓基层，实际上就是接地气，把地气夯实。

从此以后，抓党建工作成为上大传统。只有统一全党思想，抓好党建工作，新上海大学才能发展。为此，每年学校开学的第一个会就是党建会，这也成为我们上大的传统。在我任职期间一共开了七次党建会。

上大七次党建会

第一次党建会是1995年1月18日召开的，会议的主题是动员申报"211工程"。党委书记吴程里作主题报告。报告要求全面贯彻十四届四中全会精神，为跻身"211工程"、开创党建工作新局面而努力奋斗。在第一次党建工作会议上，我们特请上海市"凝聚力工程"的典型——正广和光明集团党委书记吕永杰作报告。吕永杰讲他是怎么利用凝聚力工程来凝聚人心的，怎么艰苦奋斗，怎么全心全意扑在工作上。我记得除吕永杰自己讲外，还请该集团的组织部部长讲话，当他讲到吕永杰是怎样一心扑在工作上面时，还掉下了激动的眼泪。与会同志很感动，鼓励大家要顾全大局，为了上大的事业发展，扑上一股劲。根据上面的精神，我们把"凝聚力工程"先试点后全面铺开，我们选择了4个学院、5个党总支、12个党支部，共21个单位作为"凝聚力工程"的试点。会上我们还颁布了1995—1997年三年党的建设规划，印发了14个工作制度试行稿。

第二次党建会分两次召开，1996年3月30日一次，4月2日一次。3月30日在文学院召开，由于前几天下过大雪，30日那天天气晴朗，在阳光照耀下，文学院校园白茫茫的一片，格外美丽。当时凝聚力工程开始全面推开，为了用"凝聚力工程"来凝聚人心，所以我们就在试点单位现场——文学院召开会议，请文学院党委书记吴圣苓作"深入开展凝聚力工程，为创建一流学院而努力"的介绍，文学院组织部部长金秀华作"班子建设为核心，凝聚人心上水平"的介绍，吴程里书记作"加强党的组织建设，全面开展凝聚力工程，努力做好今年各项工作"的报告。

我们还请了上海硫酸厂的党委书记严伯祥作报告，介绍他们厂如何抓党建促发展的经验。4月2日继续开会，上午分组讨论，下午大会交流，然后我作了总结。这次党建会的主题是迎接"211"预审动员会，用"凝聚力工程"作为抓手。

第三次党建会是1997年3月8日召开的，这一次是因为"211"预审通过了，宝山新校区要奠基了。吴程里同志作了"振奋精神，扎实工作，夺取'211工程'开局之年的全面胜利"的报告，方明伦同志作了学校工作报告。下午请了吕蓬大校作形势报告，会上聘他为上大兼职教授。

第四次党建会也是分两次召开的。3月20日，吴程里同志作主题报告。4月2日下午分组讨论后，请5个单位代表发言，我作了小结。

第五次党建会是1999年2月5日召开的，因为马上要搬到新校区，方明伦同志作为新任党委书记，作了"坚定信心，振奋精神，团结奋斗，争创新水平，迎接新的世纪"的主题报告。我作了题为"机关改革是一场革命"的报告，为了进入新校区，我们机关进行第二次大的改革。纪委书记廖由雄同志作了"传达中纪委第三次全会的精神"的报告。实际上，第五次党建会是为搬迁到新校区做的组织准备和思想动员。

第六次党建会是2000年3月11日召开的，会议由方明伦书记主持，我作了"以三讲教育为动力，从严治党，全面推进素质教育"的主题报告。

第七次党建会是2001年2月17日召开的，方明伦书记作"以三个代表为指导，以本科教学评优为动力，加快教师队伍建设和调整，开创新世纪我校工作的新局面"主题报告，然后4个单位进行交流，下午进行了分组讨论。

加强干部队伍建设

我在任职期间主要分管干部培养、管理工作，经历过几件重要的事情。

第一件就是刚组建之初的干部任用问题。这个工作是非常敏感的，也很棘手。原来的四个学校都有人事处处长，组织部部长、党办主任、校办主任等，现在四校合并了，到底选谁？而且我们也不一定要选原来四个学校的处级干部。党委一致认为，挑选干部一定要德才兼备，要不拘一格，要公正公平，要先集体讨论，最后由党委常委会投票决定。吴程里书记曾对我说："你现在是抓干部工作的，很多事会摆不平。但你摆得平要摆平，摆不平也得要摆平，你的任务就是要把它摆平。"当时，我思想压力很大，工作很紧张，真的吃不好饭、睡不好觉。

具体操作上，我们首先让分管校领导提名，然后由党委常委集体讨论决定，这就考验我们的党性了。实际上，校领导是从大局出发全面考虑问题的。比如有的校领导在提名前，非但听取各方面的意见，而且跑到教委，找分管的领导，咨询他们的意见。新上大成立 7 个月后，干部任命工作基本结束了。我们组建了 30 个部处，任命 159 个正副部处长、170 个科长、33 个调研员。因为岗位少、干部多，所以有的同志只能做调研员。当年很多调研员其实能力非常强，无非就是年龄大了点。

新上大成立 7 个月的时候，我们就成立了 6 个学院，找了 220 位同志谈话，办了 4 期党校，先后有 150 位处级干部进了党校，再加上入党积极分子，一共千把人进党校学习。且 7 个党派组建完成，台盟因为只有一个人，所以就没有成立一个组织。举办全体老干部活动一次，局级干部活动 3 次，上过一次党课。

1994 年 6 月 17 日颁发了 6 号文件，任命了我们党委系统的四大员，即党办主任陈惠民、组织部部长李祖齐、宣传部部长周修达、学生工作办公室主任周鸿刚。6 月 21 日颁发了 8 号文件，任命了行政系统的几位干部，即校办主任曾文彪、人事处处长江芳泽、教务处处长王锡林、科研处处长董建平、研究生部主任陈明仪等。到 6 月 27 日，新上海大学整个机构设置的文件都下发了。

这个过程，我确实要感谢同志们，这么大的调整、大的组建总归会损害和影响一部分同志的利益。但在我的记忆中，没有一位干部来和我争吵过，大家都非常顾全大局，从上大事业出发，把个人利益置之度外。总的来说，组建初期在干部任用上的过渡是平稳的。

第二件我所经历比较重要的事情就是"三五零工程"。这是我们党委制定的对后备干部选拔和培养机制。"三五零工程"就是3支由50个人组成的队伍。第一支队伍是45岁左右的，以45岁以下为主的、近期的校院级的后备干部。第二支队伍是35岁左右的，以35岁以上为主的学科带头人。第三支队伍是35岁以下的中远期的和远期的校院级的后备干部。就是说第一支和第三支队伍是作为干部来培养的，一支是近期的，一支是中远期的，当中这一支队伍是作为学科带头人来培养的。作为党的工作，这三支队伍建立以后，我们就按照工程来实施。20年过去了，当年名单里的同志，现在好多都成为独当一面的领导干部或学科带头人。

第三件重要的事情就是机关改革。前面我提到过，机关改革是一场革命，这个实际上是为进入新校区作组织上准备。上大新校区建设给学校带来了跨越式的发展机会。但除了硬件之外还需要年轻的血液，需要新的干部。当时，机关改革的时间很紧迫。党建工作会开完以后，1999年3月11日就开了机关改革动员大会。3月15日是投意向书截止时间，机关的同志都需要填志愿，填写第一志愿、第二志愿。3月15日的晚上，我们召开书记校长会，决定了机关正处级干部名单。3月16日的上午，就召开了新上任的正处级干部会。为什么这么紧呢？因为机关改革是干部"全体卧倒"，学校工作怎么办？犹如食堂一样，饭是一定要开的，因此工作节奏非常快。我记得当时新上任了28个人，其中26个是机关的，再加上校产，还有后勤的。3月19日上午9点半，我们召开了新上任的副处级干部和中心主任会议，一共66个人，实际上开这个会就是宣布名单上岗。4月10日，机关副处级干部培训一天。机关改革大体上就到这里。4月19日下午，我们就召开学院一级干部会议，宣布班子名单。到 4 月 23 日，科级干部改革也结束了。当年 4 月 22 日的《解放日报》有一个报道说："上海大学经过机关改革，臃肿的机构得到了精简。"我们机构的职数从 31 个变成了 20 个，精简了三分之一。机构的人员分流，从 738 个精简到 336 个，这样就分流了 54.5%。干部的岗位变化，正处级的变动是 16%。干部的知识结构也发生了变化。比如我们原来正职的干部中博士生是零，硕士生占 19%。改革以后博士生占 5.3%，硕士生比例升到 26.3%，改革以后处级干部年龄下降了 4 岁，最小的正处级是 34 岁。比如当时的两个小年轻——党办主任成旦红、校办主任陈志宏，都是提拔上来的。我们通过公开招聘，竞争上岗，择优录取，优胜劣汰，干部选拔比例处级是 2.6∶1、科级是 1.4∶1。当然我们也动员了一些学院的教师来竞争岗位。是否有勇气来竞争岗位，这是一种态势，是一个人的精神状态，表现了进取心，即使没有担任也不要紧。年轻人应该这样来要求自己，也作为一个实践。新上任的处级干部 17% 来自二级学院，比如说科研处处长、教务处处长、研究生部的负责人都是博士生导师、学科带头人。另外，机关分流出来的同志到哪儿去了？我们成立了 10 个中心、3 个研究院。这 10 个中心就是单纯的服务机构，比如宣传部的制作中心，还有机关服务中心，等等。新建立的研究院有社会经济发展规划院、信息资源开发院、工程技术开发院。原来机关的同志被调到了上述部门。正因为比较人性化的操作，所以进行比较顺利，没有发生什么波澜。

第四件事就是 2000 年的"三讲"，讲学习、讲政治、讲正气。当时，我在党委领导下具体操作这件事情。

上大的"四种精神"

从 1994 年到 2001 年退休，这七年我深受教育，受益匪浅。今天的上海大学能有这样的规模和成就，与当年老同志们风雨同舟、锐意进取、顾全大局、努力拼搏有着密不可分的关系。这种精神也影响着一代又一代的上大人。我觉得我们上大有这么四种精神值得传承与发扬：

第一种是改革创新的精神；

第二种是钱校长倡导的自强不息的精神；

第三种是艰苦创业的精神；

第四种是顾全大局、团结协作的精神。

此时，使我想起了孙仪同志，提起她我至今都很难过。她曾任老上大文学院图书馆馆长，侨联主席。孙仪同志对待工作非常的认真负责，干劲十足。记得1997年、1998年的暑假，天气非常炎热，我分管学校组织、统战、侨联等工作外，还任嘉定校区"区长"，常到嘉定校区去上班。孙仪却不顾酷暑，赶到嘉定来找我，讨论工作上的问题。我当时很感动，对她说："天这么热，你有什么事打个电话给我就可以了。"后来，孙老师生病了，查出来是肝癌。即使在她最后的日子里面，每当我去看她的时候，她和我谈的最多的还是工作问题，不是涉及图书馆的就是侨联的工作。孙老师其实是非常热爱生活、追求完美的人，很喜欢收集一些小玩意儿。最后一次我和统战部部长毛洪生同志到她家看望她时，她已病入膏肓了，她说："今天毛书记来看我，我很激动。我应该送点什么

毛杏云接受口述历史档案采集团队访谈

给你？"书架里面放着两个小泥娃娃，她执意要送给我。看着她病成这样，我无法拒绝，为了让她开心，就接受了她的礼物。孙仪是1999年的9月去世的，那年她才56岁。17年过去了，至今这对泥娃娃还放在我的书橱里，每每看到它们，就会想起热情开朗的孙老师。当年我们中层干部中有好多好多这样任劳任怨、淡泊名利的同志，正是有这么一茬一茬的上大人，薪火相传，才有了今天的上海大学，他们是上大的脊梁。这段奋斗历程我是永远不会忘记的。

新校区的"大管家"

——采访上海大学原副校长沈学超

采访时间： 2021 年 4 月 14 日
采访地点： 上海大学离退休工作处会议室
采 访 人： 洪佳惠（主持） 郑维 纪慧梅 郭亮
整 理 人： 高源聆

沈学超

1946 年生，上海人。中共党员。副研究员。

1974 年，上海科学技术大学无线电系雷达专业毕业后留校工作，历任机关政工党总支副书记，校团委副书记、书记，数学系党总支书记，计算机科学系党总支副书记，人事处副处长，学生处处长，党委学生工作部部长。1993 年，任上海科技高等专科学校党委书记。1994 年，任上海大学副校长，2001 年，任上海大学党委副书记。1991 年，获评全国普通高等学校优秀思想政治工作者，上海市普通高等学校优秀思想政治工作者。为上海市嘉定区第一、第二届人民代表大会代表，上海市宝山区第四届政协委员、宝山区第五届人民代表大会代表。

建设缘起

钱校长于 1983 年经中组部批准，出任上海工业大学校长。他一直怀有一个梦想，那就是在上海创办一所以这座城市命名的大学。然而，在上海工业大学的十年任期内，他深感这所以应用工科为主的学校力量单薄，难以独立支撑起这样一所大学的建设。因此，钱校长开始探索新的道路，他考虑联合上海科技大学、上海第二医科大学，三校联合办学。但因种种原因，最终还是决定以上海科技大学和上海工业大学的联合为基础进行发展。90 年代初，国务院提出振兴中国教育的计划，准备启动"211 工程"，即面向 21 世纪，在全国范围内重点建设 100 所高校，以提升教育质量和水平。钱校长在得知这一消息后，更坚定了他联合多校办学的决心，他说："我们要挤进'211'，这是一个难得的机遇，一定要牢牢抓住。"在上海市政府的支持和帮助下，经过反复协商和筹备，最终决定将上海工大、上海科大、原上海大学和上海科技高等专科学校四所学校合并，成立新的上海大学。这一决策旨在整合教育资源，发挥多学科综合优势，提高办学效率，同时也实现钱校长创办以上海这座城市命名的综合性研究型大学的梦想。

1994 年 5 月 27 日，新的上海大学正式成立，上海市人民政府任命钱伟长出任新上海大学的首任校长。钱校长在成立大会上明确表态："办好上海大学是为上海人民服务的。我们的目标是建立一所以上海为名的综合性研究型大学，为上海的城市发展贡献力量。"因此，全校师生都将钱校长的这一目标视为我们的初心和梦想。新上海大学成立后，面临着办学点分散、效率低下的问题。原来的 11 个办学点分布在上海市的 9 个区县，法学院甚至跨越了松江和青浦两个区域。为了解决这一问题，钱校长多次呼吁建设新校区，将分散的办学点集中起来。正好当时上海市政府正在进行高校布局结构的调整，钱校长敏锐地抓住了这一机遇，经反复协调，市政府终于同意我们征地建设新校区。

  在市政府同意建设上海大学新校区后，选址工作随即展开。市政府尊重钱校长的意见，表示就在钱校长选定的地点征地。钱校长带领我们先后考察了青浦、松江、闵行、嘉定、浦东、川沙、南汇等多个地方，经过综合评估，我们认为多数地点都不满足办学要求，比如松江和青浦距离较远，当时办学氛围和条件相对欠缺，要形成理想的办学环境还需要一个过程。最终，钱校长看中了沪嘉高速公路出口处的一块 3 000 亩的土地。在与市里沟通后，徐匡迪市长表示支持："你们就选这块地吧。"我们立即与宝山区的负责人取得联系，但遗憾的是，这块土地当时已经被规划为房地产开发用地，当地的房地产商听说上海大学有意征用这块土地，他们为了保护自己的利益，迅速开始了基础设施建设，甚至已经打好了桩。如果市政府坚持要征用这块土地，就需要承担高额的赔偿费用，成本会大大增加。在这种情况下，徐匡迪市长对钱校长说："您放心，我们市政府会帮你们征一块合适的土地。"最终，在市政府的协调下，我们在上海科技大学和上海工业大学之间，选定了宝山的大场祁连地区作为新校区的建设地点。当时共征用了 1 632 亩土地，其中 1 500 亩是校园的净用地，132 亩是规划带征地。

  土地选址确定后，钱校长非常满意，接下来就是具体的建设规划了。在规划过程中，我们面临着一个重要的问题，那就是建设理念的确定。这个问题经过了一段时间的深入思考和讨论。在一次校长书记会议上，钱校长明确提出了他的建设理念。他首先强调，办大学不同于办工厂或建公园，办大学是为培养人，大学的核心是人，因此新校区的建设必须以人为本，即以师生员工的需求和体验为出发点和落脚点。其次，他特别指出，在一千多亩的校园中，水元素是必不可少的。水是万物之源、生命之源，有了水，校园才有灵气。他提到，即使像孔庙那样小的地方，也有泮池作为水景。因此，我们的校园也一定要有水面，为师生员工提供一个休闲放松的好去处。第三，钱校长还强调校园绿化的重要性。他认为，树木是空气的净化器，能够吸收二氧化碳并释放氧气，绿化是供氧的"核"，对于保持校园空气的清新至关重要。因此，我们要在校园中大量植树造林，营造一个绿树成荫的美丽环境。鉴于钱校长对校园建设理念的阐述，校党委经过讨论后，决定将"以人为本、以水为源、以绿为核，营造人与自然和谐的生态校园环境"作为新校区的建设理念。同时，校党委还提出了"建设绿色文明信息化校园"的建设目标，以推动校园的现代化发展。回想起来，我们在1997年到1998年能够提出这样的建设理念和目标，与现在的新发展理念还是相当契合的。

校园理念

接下来就需要进行校园规划了，钱校长对此投入了大量的精力，进行了深入的思考，并经常与我商讨相关事宜。在他首次提出的方案中，已经对新校区的大体布局和环境设计有了清晰的构想，为我们描绘出了一幅宏伟的新校区建设蓝图。他详细规划了不同区域的树种选择，如需要种植能遮荫的大树和具有多种价值的银杏树，还提议我们去山东考察并采购银杏树苗。在院系综合楼的设计方面，钱校长也提出了自己的见解。他始终认为，整个校园的建设都是为教育服务的，因此，"建筑必须服从功能"，校园建筑必须符合学校的内涵建设，满足教育科研空间的发展需求。他强调，在规划过程中，要广泛听取一线教师、专家学者、学院领导，特别是学科带头人的意见和建议。此外，钱校长还主张打破传统的学院独立楼宇布局，以消除不同学院教师之间的隔阂和学科间的封闭状态。他认为这种旧有观念不利于综合性研究型大学的发展。为了推进教育改革，他提出要拆除学院之间的"墙"，实施"三制"改革，确保新校区的建筑设计能够为学校的教育改革服务，为实现综合性研究型大学的目标提供有力支撑。

研究型大学的学术研究、交流的氛围应该是非常浓厚的，为了给师生提供一个优质的教学科研环境，学校的连廊、走道、门厅都设计得相对宽敞，尽可能多地增加学术交汇空间。钱校长说，办研究型大学就需要大力发展研究生，逐步减少本科生，取消专科生。我们要专注于提升教育质量，提高研究生的科研实践创新能力，研究生导师的办公室应安排在靠近研究生教学科研的区域，便于他们随时关门专注研究做学问，开门即可指导研究生。这一规划在当时得到了反复的强调和重视。在学校的二期规划中，东部计划建设一座文科图书馆，这一规划在钱校长在世时便已开始筹划。当时，随着学生人数从2万人增长到4万人，钱校长认为现有的规划已不足以满足需求。因此，他提议建设一座大型文科图书馆，将所有文科专业的书籍集中于此。同时，他主张各个学院的大楼应与图书馆相互连通，通过连廊实现无缝衔接。这样，所有的学术资源都能集中在图书馆内，方便各个学科的师生随时查阅，也能加强学科间的交流与合作。钱校长特别重视学科间的交叉渗透和综合研究。他认为，综合研究有利于发挥多学科交融的优势，推动学科间的联系、促进交叉渗透和优化重组，以孕育新的学科领域。他甚至提出，学生宿舍应安排不同学科的学生同住，以促进跨学科的交流与碰撞。

为了确保自己的建设理念得到落实，钱校长亲自到学校检查各项工作的进展落实情况。在校园建筑方面，钱校长对每一栋楼都有具体的要求。他强调，院系综合楼应作为一个功能齐全的综合体来设计，而非简单地按学院划分楼层，"相互通连的鱼骨状的布局"有助于促进师生间的日常交流以及不同学科间的合作。同时，考虑到校园面积较大和课间换课的时间限制，他特别要求建设多层次的连廊系统，以便学生在各种天气条件下都能便捷地通行，连廊的底层还要求设置文化用品店、咖啡店和小卖部等，以满足学生的日常需求并为他们提供休息放松的空间。这些细致入微的考虑无不体现出他对师生的深厚关怀。八十多岁的老校长能够这么关心师生员工，我们很感动，所以我们没有理由怠慢工作，要好好地去落实。钱校长的教育理念深深地烙印在校园的建筑之中，通过连廊、综合楼和学科交叉的设计，他营造了一个以人为本、充满活力和创新精神的校园环境。他的远见卓识和对教育的热爱令我们深感敬佩，也激励着我们更加努力地工作和学习以回报他的期望。

我们还有一个重要的理念，那就是朝着建设综合性研究型大学的目标不断奋斗。虽然当时我们的水平还有待提高，但为了实现这个目标，我们必须为学校的长远发展预留足够的发展空间。这不仅仅是在现有基础上进行修补，而是要在总体规划中就考虑到未来可能的需求，确保学校在未来能够持续、稳定地发展。这一理念具体体现在两个方面：首先，我们建设了通用实验室，以满足未来新学科的研究需求。在一期和二期的规划中，我们分别预留了 6 000 平方米的通用实验室用于未来科研实验室建设，当我们引进一个学科带头人时，整个学科团队也会随之而来，为了给他们提供良好的教学条件，我们必须确保有足够的科研实验空间。这样，学校整体的研究水平才能不断提升，以吸引更多优秀的团队加入。其次，在校园总体规划中，我们将有污染、噪声和重大设备的实验区域集中在东边，而南部则预留了一个国际学术交流中心发展用地。这样的布局既考虑了环境因素对教学和生活空间的影响，又方便了国际的学术交流与合作。

从实际布局来看，校园内形成了两个环路：内环和外环，内环把教学区和生活区有序分离，外环则把生活区和运动场地相互隔离。内环以内主要包括图书馆和教学楼等用于教学和研究的场所，实验室和研究室则分布在内环的各个区域。图书馆作为学术交流和学习的中心，处于新校区的轴心地位，为师生提供了丰富的学术资源和优雅的学习环境。同时，内环内又设计了一个由半月型的泮池和中心绿地围合成的"曲水绿岛"，形成了一个生态共享空间。外环则将各类运动场地和核心生活区分隔开来，既方便了学生进行体育活动，又保证了他们在运动后能迅速回到宿舍洗澡换衣。道路组织以图书馆为中心向外辐射，各楼宇之间都有便捷的步行通道相连。这样的道路组织系统既科学又实用，使得校园内的交通流畅有序。我们的校园整体规划、功能分区、道路组织和绿化景观设计等充分体现了钱校长的教育思想。还有一个重要的场所就是现在的国际教学交流中心，这里拥有宽敞的大教室和先进的设施，为课程交流提供了良好的平台，体现了钱校长教育要开放、要面向未来的理念。

新校区最初是按照容纳12 000人的规模来设计的，但后来学生人数已经超过3万人，因此我们需要进一步征地，拓展校园空间。整个上海大学的校园规划布局非常独特：以新校区为本体、沪嘉高速公路为纽带、嘉定校区和延长校区为两翼，形成了"一体两翼"的总体校园布局。当时学校的网络建设刚刚起步，校园的信息化程度不高，但经过20多年的不懈努力，新校区建设的总体目标已经基本实现，即打造一个"绿色文明信息化校园"，营造了"以人为本、以水为源、以绿为核、人与自然和谐"的校园环境。新校区建设当时有一个理想境界：就是要把新校区建设成"抬头望蓝天，天上有鸟飞；放眼观绿地，地上有珍奇；低头赏清波，池中鱼嬉戏；四季有花香，处处鸟啼鸣"的生态校园。如今看来，我们已经基本实现了这个生态校园的目标。钱校长提议在泮池中饲养天鹅，为此，我们申办了野生动物饲养证，从野生动物园购买了黑天鹅和白天鹅，钱校长还从福建引进了32只鸳鸯。学生们也自发地送来了野鸭子放养在泮池中。此外，我们还购置了孔雀，放养了广场鸽，使得泮池焕发出了勃勃生机。为了增添氛围感，我们还在泮池旁开通了健身步道，安放了桌椅、摆放了石头等饰物。如今，每当有外宾来访时，泮池区域都成了他们必去的参观景点，"泮池观鱼"也成了上海大学亮丽的名片。

钱校长的建设理念始终是勤俭办事，力求以最少的投入实现最大的效益，确保每一项建设都是高质量的。市政府对我们学校的建设也给予了高度重视，徐匡迪同志曾明确表示，我们学校不仅要在教学科研上达到一流水平，校园建筑也要展现出一流的品质。黄菊同志更是将上海大学新校区工程与东方明珠、上海图书馆、上海博物馆以及上海大剧院并列为上海面向 21 世纪的五大标志性工程，这足以彰显我们学校在城市建设中的重要地位。有人甚至预言，新校区在 30 年前的建设布局，其前瞻性的设计即使在 50 年后也不会显得落后。钱校长在听闻这些高标准的期望后，更加坚定了他的信念，即新校区的建设必须为打造综合性研究型大学提供坚实的支撑，这不仅仅是一项建设工程，更是一项面向未来、关乎学校长远发展的事业。

迎难而上

新校区的校园总体规划布局中，规划轴线设计是特别考虑的：由于上海常吹东南风，因此校园的主干道轴线与南北方向呈 30 度左右的夹角，以适应这一气候特点。当时，校门口原计划放置一个校标，设计以上海市的市花白玉兰为灵感，把"上海大学""争创一流""展翅腾飞"都寓意其中。由于工程建设时间紧，再加上对校前区的设计有些争议，因此校标最终没有制作，只是制作了一个 logo，并在中间加了一个点，像正要展翅的飞鸟的眼睛，增添了生气。

在新校区建设前，基地上原本有十几条河流。这些河流是为了方便周边居民灌溉和抗洪排涝的小型水利，因为这里曾是居民区、蔬菜区和花卉种植养殖区。为建设新校区，这些河浜都将被填平，并重新规划校园水系。在图书馆至美术学院的桥梁附近，曾有一个天然湖泊，虽然规模不大，但它与钱校长"校园里应该有点水"的观点不谋而合。因此，设计师利用这个天然水源，巧夺天工，设计了"曲水绿岛"这个生态共享空间，当看到新校区设计方案中的"曲水绿岛"时，钱校长和市领导都非常高兴，一致称赞这个设计方案好。我们还在延长校区大礼堂组织师生员工一起投票，优选方案，结果也是一致支持这个方案。然而，当我们正准备开挖湖泊时，市里却要求暂停。市里不同意挖湖泊的理由主要有三点：一是上海的水环境普遍不佳；二是工程存在安全隐患；三是上海复旦、同济、华师大校内湖泊都出现了严重污染。但我们认为，这几个问题主要是管理不善造成的，与水本身没有直接关系。后来，钱校长让我去向市领导汇报情况，并强调这个方案是经过专家评审和市领导审定的，规划要有严肃性，坚持"一张蓝图干到底"，不能说停就停，他还说："如果他们还是不同意，你就跟他们说，我钱伟长就是要挖这个河浜，看他们怎么办。"我向市领导汇报后，市领导召开了专门会议讨论此事，并要求各职能部门要全力支持、指导上海大学挖好这条河浜，严防水质污染。只有钱校长才能撑得住这样的场面，他的作用无人能替代。

为了认真对待这个工程，新校区的办公室同志到苏州、杭州等地考察，但提出的保证水质方案都不太理想。后来我们找到同济大学知名的环境工程专家进行咨询。他介绍了治理好水的几条原则：一是水体要保证长流水，解决内循环问题；二是补充湖水不要用自来水而要用雨水，因为自来水含有氯气，对微生物的杀伤力很大；三是河底要取消浆砌块石，以打通水中生物链和地下水的通道；四是尽量挖深，增加体量，以提高水体的自净能力，加强和地下水之间的交流；最后是平衡生态，适当养鱼和其他吸污能力强的水生动植物，但是鱼也不能养太多，太多了也会造成水污染。根据这些建议，我们进行了深入思考并制定了具体实施方案。另外，为了确保安全，我们在水深 1.5 米处岸边建一个 2 米宽的平台，万一有学生掉下去了，在平台上还可以站起来，以确保生命安全，这也是以人为本理念的体现。

为了确保水质安全，我们在泮池建设了水循环系统，设立了泄洪和增氧泵站，建设了喷水池和瀑布系统等，还专门提供了科研经费给环境工程学院，委托他们进行水质监测的课题研究，要求他们每个月出具一份检测报告。如果发现问题，必须提前通知我们，并提供解决方案。这个系统已经运行了 20 多年，其间水质保护一直得到很好的落实。同时，我们还落实了专门的责任人负责记录和管理，各部门同志都非常尽职尽责。从目前上海大学校园景观的角度来看，泮池的管理仍然是我们最重要的工作之一。

校园环境质量的高低是衡量校园品质优劣的关键指标。要打造一流的校园，不仅需要一流的硬件设施，更需要与之相协调的环境布局和积极向上的校园文化氛围作为支撑，这样才能充分发挥环境育人的影响力，真正展现校园建设的精髓和活力。具体来说，校园景观设计应与建筑总体规划和谐统一，相互映衬，既要避免喧宾夺主，又要根据建筑形态来巧妙布置景观元素。在整体协调的基础上，应注重点、线、面的有机结合，突出重点，主次分明，力求在"点"上见真章，在"线"上展现绿意，在"面"上塑造特色，从而营造出宜人的生态环境。我们将整个校园景观划分为多个区域，以体现层次感和总体协调感。许多大学的校门都紧临马路，空间局促，缺乏纵深感，如复旦、交大、同济等校，进门后往往只有一条路，两侧视野不够开阔。我校校前区广场有百米纵深；绿化点、线、面的设计气势恢宏，让人一进校园就有眼睛一亮的感觉。当初，市领导希望上海大学能够摒弃传统的围墙设计，建设开放式的校园。因此，我们的原设计中并未包含围墙。不过，考虑到下沉式广场作为学校与社区的交汇空间，以及大场地区作为城郊接合部的复杂环境，包括偷盗等安全问题频发，我们最终决定修建围墙以保障师生的安全。但为了兼顾市领导的初衷，我们将围墙高度降低至1.8米，略低于通常的2.2米标准。这样的设计既兼顾了安全需求，又在一定程度上保持了校园的开放性和通透性。

为了让师生在校园中漫步时能欣赏到不同的景色，并在与环境的互动中陶冶情操，我们必须精心设计并布置校园环境。比如作为学校与社区之间的隔离带，我们在围墙上面布满了蔷薇，这些蔷薇一年四季都盛开，成了花与绿的屏障，形成一道美丽的风景线。对于不同区域的点、线、面的设计，都要提出具体的设计种植要求，选择不同的花木品种和质感要求，以体现出校园的精气神。要实现这样的景观效果，确实需要花费不少心思和努力。

　　长期的工作实践让我深深体会到，仅依靠奖励而没有惩罚的考核机制是不够的。我们邀请学生充当"啄木鸟"角色，帮助我们找出问题并提出意见。年终时，我们将根据这些反馈进行综合评估，对表现不佳的进行淘汰。学校的绿化管理养护团队每周都会进行检查，并在年终进行总考核。要判断工作是否出色，这种严格的管理是必不可少的，只有这样才能取得显著的效果。我与工人保持着良好的关系，一旦发现问题，我会立即要求他们进行整改，从而确保校园环境始终保持整洁。我曾向市里承诺："一年365天，无论哪一天你来检查，我们的校园都不会有死角。如果你能找出死角，那就来找我。"因此，当教委来检查时，他们并没有提前通知我们。检查后，他们表示对我们的校园环境非常满意，找不出任何问题。在精神文明评比中，上海大学曾一度排在复旦和交大之后。经过我们的努力，上海大学的校园环境得到了显著提升，甚至在之后的评比中超越了其他学校。复旦、交大、同济等学校曾联合到我校进行考察，也没有提前通知我们，但在他们回程途中，给我们打电话表示对我们的认可。

　　要推进文明建设，绿化管理是必不可少的一环，这背后需要一种坚定的精神支撑。文明建设的成功，首先在于理念的树立，它是一项需要领导层亲自参与、积极推动的"一把手工程"。当年杨慧如书记退休后，我接任了她的工作，负责学校的精神文明建设，我明白这是一项需要全校上下共同努力的任务。只有校党委和学院领导都给予足够的重视，才能形成全校性的共识，共同推动精神文明的提升。这个"一把手工程"并非仅靠"一把手"就能完成，而是需要整个领导班子的齐心协力。我们要不断充实精神文明建设的内涵，将其视为一项日常的、持续推进的"天天工程"，而非为了应付检查而做的表面文章，这样才能真正提高师生的文明素质，提升校园的文明程度，最终服务于人民，服务于师生。同时，这也是一项"人人工程"，需要每一个师生员工的参与和重视。只有大家都积极投入到文明建设中来，才能形成良好的氛围和环境。我们按照这样的理念去实践，学校连续五年被评为上海市文明单位，2007年更是荣获全国文明校园的称号。这些成绩的取得，离不开全校师生员工的共同努力，也与我们坚持的理念密不可分。天下无难事，只怕有心人。在文明建设的道路上，我们一定要有责任感、有担当精神，要敢抓敢管，才能抓出成效。当然要做好这项工作，光有理念还不够，还需要我们脚踏实地、认真扎实地去落实。我始终坚信三句话："基础文明要有新提高、基地文明要有新亮点、基层文明要有新经验。"具体来说，就是要不断创新、不断进步、不断改善、不断提高，作为领导更是要出谋划策，思考如何在新的一年里取得更大的提升。

在新上海大学成立前，市教卫党委书记郑令德同志找我谈话，提出将艰巨的后勤管理工作交给我，鼓励我不要辜负组织的期望。我深知这是一项重任，而我已在长期的工作实践中积累了后勤管理工作经验，因此，我决定接受这个挑战，我向郑令德书记表示，先试干一年，如果表现不差，就继续担任；如果表现不佳，就主动让贤。在接手后勤工作之初，我召集了后勤基建系统的干部开会，强调我们的工作目标是："让师生员工满意，让领导放心"。后勤工作是学校稳定的重要保障，后勤管理要坚持"经常抓、抓经常，反复抓、抓反复，重点抓、抓重点"，我们必须全力以赴。学校面向全国招生后，为了满足来自全国各地学生的口味需求，我们的食堂需要动脑筋、增加口味种类，要解决好外国留学生和少数民族学生的食宿，尊重他们的民族习惯，确保食品安全；还要积极解决洗澡等问题。这些都是提升师生员工满意度的关键点，我们必须狠抓落实。作为分管领导，我深知身先士卒、身体力行的重要性。因此，我坚持每天巡视校园，主动发现问题并及时解决。我不等问题被反映出来再去处理，而是提前预防、主动服务。这样不仅能够提高工作效率，还能体现出我们的工作态度。我认为，做好后勤工作不仅仅是为了那一份薪金，能养家糊口，它更需要有基本的职业精神，做好后勤管理工作是党的事业、学校的事业、人民的事业。只有把职业当作事业做，我们才能发挥敬业精神，实现职业精神的升华。如果我们缺乏这种精神，就很难做好工作。管理是一门科学，关键在于如何管好下属，作为领导，我们不能光说不做，而是要做出表率，工作在行、说话在理，下属才信服，才能协调好后勤管理工作，让大家心往一处想、劲往一处使。

底线与节俭

虽然我现在已经退休了，但我仍然是一名党员，我不能辜负自己的岗位职责和党员的称号。我一直以来都坚持要么不做，要做就要做到最好的原则。在新校区建设时期，我没有周末休息，也没有白天黑夜的概念，始终坚守在第一线。因为万一出了差错怎么办？所以有些时候必须亲力亲为，不能有丝毫的懈怠。校党委书记吴程里在新校区工程建设启动大会上提醒我们："基建行业腐败的风险很大，希望你们警钟长鸣，做到'大楼建起来，人不要倒下去'！"我们必须为党委负责，坚决守住底线，确保新校区建设顺利进行。作为主管领导，我深知自己肩负的责任。在新校区建设刚开始的时候，在建设工程基地"七通一平"阶段，有一个土方工程需要招标，当时有一个工程队第一天来投标，第二天就送来了整箱的中华烟和茅台酒。我和办公室的同志马上退回，并取消了他们的投标资格。为了确保新校区工程招投标的公正和透明，我们亲自去考察投标队伍，了解他们过去的工程质量和施工能力。所有的考察费用都是我们自己承担，因为如果让乙方来承担这些费用，就可能会产生不正当的利益交换。这是我们作为甲方的义务和必须坚守的原则。

在招投标过程中，总会有些"饭局"，我们把所有重要标段的招投标活动放在学校进行，如果需要用餐，就去招待食堂，用膳费用由甲方支付。我们必须坚守这个原则，保持清醒的头脑。如果有请必到，肯定会出问题。已经有很多人在这个方面倒下了，所以我们必须时刻保持警惕。搞好后勤管理，还需要打造一支精于管理、乐于奉献的管理队伍。举个例子，有一次在全国英语四六级考试前一天，我们学校供教学楼用电的一号变电站因电容自爆而发生火警停电，我们不能让这件事影响到六七千人的四六级考试。面对突如其来的重大事故，我们沉着应对，立即联系上海市供电局，请他们协调宝山供电局，为我们提供发电机，解决应急发电问题。当天下午，发电机就被送到了学校，并提前备好作为保障。同时，我们也立即联系了产品设备供应商，董事长当场决定把原本要送到其他工地安装的一套全新设备送过来。为了确保第二天能够正常供电，安装师傅连续工作到晚上12点才完成拆装工作，并请上海的电势测试部门进行了现场测试，确保一切正常，做到万无一失。我们学校的党政主要领导也一直坚守在现场。我们做到了一方有难八方支援，保证了第二天考试的顺利进行。后来经过调查，发现变电所火警是法国进口的一个电容发生自爆引起的，供应商随即表示，所有损失均由他们负责。这件事情也让我们更加意识到，搞好与兄弟单位之间的关系非常重要。

钱校长一直强调，有了好的理念就必须将其付诸实践，这样才能真正发挥理念对实践的指导作用。这也是大科学家们一直倡导的理论与实践相结合的原则。以绿化为例，虽然钱校长并非绿化专家，但他对新校区的绿化十分关注，他带头捐款种植银杏，同时还动员师生员工，积极为新校区的绿化建设慷慨解囊，捐赠了50万元。他对新校区的建设非常重视，有了想法就会立即付诸行动，确保每一个想法都能得到落实。尽管年事已高，他仍然全心全意地投入到学校的发展中。可以说，没有钱校长的贡献，就没有今天的上海大学，新校区为上海大学的腾飞奠定了坚实的基础。

为了防止风沙及马路噪声对学校教学环境的干扰，我们在学校周边种植了成片的水杉林、香樟林、雪松林、玉兰林等高大乔木。为了增加校园绿色文化氛围，我们构筑了"成才路"，两侧形成了"成才林"，汇集了150种以上的树木品种，丰富校园的绿色文化。悉尼工商学院捐献了"明德林"，它位于洗衣房旁，虽然规模不大，但体现了师生员工们的一片爱心。原本学校有四片竹林，林中设置了石台、石凳，是学生修读的好去处。整个校园的设计理念是"有园、有林、有景"。在空旷的地方，我们都选择植树造林，因为树木的生态效应远胜于草坪。为了美化校园景观，我们曾特地前往宜兴寻找合适的石头，用于营造应景的文化小品，我们在宜兴挑选了一块硕大的太湖石，安放在美院的东南角，经过湖水的长期冲刷，这块石头显得特别通透。我校"自强不息"的校训、"求实创新"的校风雕塑原石均源于宜兴。如今，石头小品已经成为我们校园的一部分，无论是大门口、庭院内，还是泮池旁，都能发现它们的身影。当时，我们总共运了几车石头，才花费了2万元，体现了节俭的原则。

名人广场的雕塑群则体现了我们学校的综合性特点。考虑到学校多学科的特点，我们选择了孔子、屈原、牛顿、米开朗琪罗和门捷列夫作为名人雕塑。他们不仅代表了各自领域的巅峰，他们的爱国主义和求实创新的精神情怀更值得推崇。这些雕塑旨在培养学生求真求实、质疑创新的精神，这也与钱校长的教育思想紧密相连。最初，钱校长希望放置叶企孙的雕塑，但由于找不到合适的画像而作罢。另外，雕塑的预算也曾让钱校长感到困扰，因为初步估算需要花费100多万元，但经过与美院领导的深入讨论和协商，我们最终以较低的成本完成了这些雕塑的建设，体现了勤俭办校的理念。新校区的绿化规划建设经费原预算为7 000多万元，但最终我们只花费了4 000多万元，这也是勤俭精神的具体实践。

文化传承

当时，我们提出了"自强不息"作为校训，因为"自强不息"是中华民族优秀的文化传统，也是钱校长身体力行、发奋自学的行动准则。后来，钱校长说：我们培养的学生，除了能自强不息，还要有家国情怀。钱校长在全校大会上指出，学生们在爱国爱民情怀方面表现得相对薄弱，他们往往过于关注个人利益，缺乏为天下着想的胸怀。因此，他提议将"先天下之忧而忧，后天下之乐而乐"也作为我们的校训，以强调家国情怀的重要性。他强调，如果师生们缺乏家国情怀，那么工作和学习就会失去动力。如果每个人都只为自己着想，那么谁来建设学校？谁来为国家服务？为人民服务就只会成为一句空话。因此，他的核心思想是爱国主义。他曾说："我没有固定的专业，多次改变专业，国家的需要就是我的专业。"

在确定学校校风时，我分管宣传工作，与各学院进行了广泛的讨论和提炼。我们认为，学校的风气应该用科学精神来支撑，无论做什么事情都要实事求是、尊重科学。同时，创新也是一种时代精神，而钱校长一生都坚持创新、实事求是、讲科学精神。因此，我们将"求实创新"作为学校的校风，并得到了钱校长的赞同。现在，"求实创新"已经成为一种时代精神，而爱国主义则是民族精神的核心。钱校长一生都是自强不息的楷模，他将上海大学视为自己的家，最看重的就是上海大学校长的头衔。他一直住在乐乎楼，而不是自己的房子里。他是一位伟大的科学家、教育家和社会活动家，他的思想和精神将一直激励着我们前行。

沈学超与口述历史档案采集团队合影

一辈子的"上大人"

——采访上海大学原秘书长曾文彪

> **采访时间**：2020年10月21日至11月2日
> **采访地点**：上海大学延长校区北大楼
> **采 访 人**：洪佳惠（主持） 郑维
> **整 理 人**：李倩倩 张屹

曾文彪

1947年生于上海，中共党员。研究生学历。副教授。

1965年考入上海工学院电机工程系，1970年毕业后留校工作，1991年获复旦大学管理学硕士学位。1986—1994年，相继担任上海工业大学政策研究室、高等教育研究室负责人、校长办公室主任。1994—1999年，担任上海大学校长办公室主任。1999—2007年，担任上海大学秘书长兼任"211工程"建设办公室主任、学科建设办公室主任、高等教育研究所所长，并担任《上海大学志》执行主编。著有《钱伟长与上海大学》《校长钱伟长》《上海大学史话》等。

土生土长，见证发展

我于 1947 年在上海出生，1965 年考入上海工学院，1970 年 7 月毕业后留校工作。1970 年底至 1971 年底，到上海工学院位于安徽凤阳大庙乡的"五七干校"接受"再教育"。1972 年回校后，我成为电机系电表专业的教师，并经历了上海工学院与上海机械学院的合并。1973 年，我被任命为电机系 1973 届工农兵学员的政治辅导员和电机系团总支书记。在担任这些职务的同时，我仍在电表教研室工作。73 届学员毕业后，我专注于教研室的业务工作。当时，教研室被称为专业连队，我于 1979 年开始担任电表专业连队的党支部书记，直至 1983 年。之后，我升任电机系党总支副书记。

1984 年，我被借调到上海市教卫党委干部处参与制定高校党政领导干部的考核体系。我们组成了一个调研组，进行了近一年的调研，最终设计出了一套考核指标体系，并在上海科技大学进行了实验性操作。之后，我回到学校，1986 年被任命为党委领导下的政策研究室副主任，主任由党办主任陈笃平兼任。我到政策研究室后，在党委副书记黄祥豫直接领导下，负责调研与制定校内管理体制改革方案。我参考了企业目标责任制的做法，调研并撰写了大学目标责任制的实施方案，并逐步演化为"工资总额包干实施方案"，获得市里有关领导机关的同意，在上海高校中首先实行。1988 年，政策研究室与高教研究室合并，我继续担任副主任。

我进入高教研究室后的首个任务是参与本科教学评估，这与 2003 年的评估相似。上海工业大学作为当时上海四所试点高校之一，在常务副校长徐匡迪的领导下，我负责撰写学校的自评报告。1991 年，我参与上海工业大学第四次代表大会筹备工作，具体负责党委委员候选人的推选工作以及整个党代会的议程。1991年，上海工业大学第四次党代会召开，我当选为党委委员。

上海工业大学在深化改革、党的建设、精神文明建设和思想政治工作方面，始终走在上海高校的前列。学校的领导班子坚强团结，不仅有校长钱伟长，还有常务副校长徐匡迪、前任党委书记张华、副书记王力平、后任党委书记郑令德等。从1983年钱校长来到上海工业大学到1993年四校合并的这十年，可以说是上海工业大学历史上发展最快、最好的时期。

1991年，上海工业大学被市教卫党委、教卫办确立为唯一的上海市地方高校综合改革试点单位。从1991年开始，上海工业大学就着手进行综合改革，这不仅仅是一般性的人事或教学改革，而是一场深层次的综合改革。综合改革分为两个阶段：首先是以劳动人事与分配制度改革为突破口的内部管理体制改革，接着是以"三制"（学分制、选课制、短学期制）为抓手的教育教学改革。1992年至1993年，学校实行了"全员聘用合同制"和"三制"，这在当时都是创新之举。1992年，我已任校办主任，学校为了有序推进综合改革，成立了综合改革领导小组，我也参与其中，并具体负责撰写综合改革方案。

工大进行了两项突破性的改革。首先是全员聘用合同制，这一制度要求所有副科级以上的干部重新接受聘任。具体来说，就是所有的副科级以上干部"就地趴下"，自动免职，然后一级一级聘任，校长聘任处长，处长推荐副处长，再由副处长推荐科长，依次类推，形成一级级的聘任制度。过去，我们的干部主要由校领导或党委选任，而现在的聘任制度使得各级领导有了更大的自主权，同时也承担了更大的责任。另一项突破性的改革是面向社会自主招生。这一政策允许我们直接从高中选拔优秀学生进入上海工业大学，无须参加高考。

1992年，上海工业大学和上海科学技术大学酝酿合并，我参与了合并前的相关工作，包括联络、撰写上报材料等。当时，两校合并议定校名为"上海理工大学"。在 1994 年初，我得知教卫党委、教卫办领导在向市里汇报时，有了一个新的计划：将"上海理工大学"与另外两所地方大学——原上海大学和上海科技高等专科学院进行联合办学。尽管联合办学的初衷是资源共享，但各学校仍保持独立。不过，市领导最终决定不再采用联合办学的模式，而是干脆将这四所学校合并。于是，在 1994 年年初，关于四校合并的工作进程迅速展开。3 月份，上海市人民政府向国家教委提交了相关报告。国家教委在 4 月初便派人来上海进行调研。经过调研后，国家教委于 4 月 25 日批复同意四校合并成立上海大学。最终，在 5 月 27 日，上海大学正式挂牌成立。上面决定在 5 月 27 日这一天挂牌，具有特殊意义，因为这一天是上海解放纪念日。

四校合并，紧密化合

讲四校合并之前，我先简单地介绍一下四个学校的基本情况。

上海工业大学始建于 1960 年，原名上海工学院。筹备工学院前，上海已在筹建上海工业师范学院，该校的初衷是为适应上海工业建设需求而设立的专科院校培养师资，主要开设数学、物理和政治三个基础班。过了几个月，上海市决定要创办工学院，于是把这所正在筹建中的工业师范学院并入了新建的工学院，数学、物理两个班并给了华师大，政治班给了工学院，所以以工业师范学院招入的政治班学生在录取通知上已经是工学院了。所以，工学院的首届毕业生甚至可以追溯到 1964 年，这批学生大多留校并成为青年教师。这是上海工业大学的办学过程。

讲到校园，上海工学院的延长路校园是有历史底蕴的，校园建设可以追溯到 1923 年，最初，由美国南浸信会传教士万应远在此块土地建造"浸会庄"。1925 年，南浸信会办的晏摩氏女中迁入此地。1947 年，浸信会创办的沪江大学（现上海理工大学）附中也迁至此处。1952 年前，延长校区的西部还建有中华浸会神学院。这是新中国成立前的格局。新中国成立后，教会学校纷纷搬迁或撤销。原西部的中华浸会神学院迁至南京，并入南京金陵协和神学院，其旧址建立了共青团上海团校。东部原晏摩氏女中和沪江大学附中在1952年合并，成立上海北郊中学。在这里还办了上海交通大学附中前身上海市工农速成中学。1956年，北郊中学迁出，在此地建了上海第一师范学院，以及上海交通大学分部（学生第一年在此就读）。1960年，共青团上海团校搬出，上海工学院就在西部设立校址，1961年，东部的交大分部搬迁，工学院扩展至东部，原来的工农预科（原工农速成中学）成为工学院附中。1963年，工学院附中停办。虽经数十年，延长校址整体校园格局基本未变。

现在，延长校区浸会庄时期的建筑还保留了一栋完整的西北小楼（现离退休活动室）和半栋原幼儿园建筑（现成教学院用房），还有就是南大楼，外观保留，但内部已全面改造，北大楼已彻底改建。其他教会时期的建筑物都已不复存在。工学院交大分部及北郊中学时期的一些建筑，如现在的国际交流学院办公用房和老图书馆，也得以保留。现在，老图书馆及田径场往北直至广中西路的地块是1984年后征地扩建的。

工学院初建时有电机、机械、仪表和冶金四系，对应上海当时的支柱产业。1972年，与上海机械学院合并，延长校区成为上海机械学院总部，即机关所在地，原上海机械学院在军工路的校区则称分部。1979年工学院恢复建制，但旋即更名为上海工业大学，直至1994年四校合并。

科大的出身蛮"高贵"的，因为其建校历史与新中国成立后的第一个科技规划紧密相关。1955—1956年的12年科技规划旨在赶超英美，提出了57项任务。经钱伟长、钱学森、钱三强等11位科学家讨论，选出导弹、原子弹、计算机、半导体、自动化和无线电六项作为中央重点支持的项目。这些选择在当时国家工业技术薄弱的情况下非常超前，且在世界范围内也异常紧迫。钱氏三人在规划制定中，目光远大，力排众议，周恩来总理因此在科学规划会上公开赞誉了"三钱"。根据这个科技规划，中科院为选定的六项重点项目设立了相应的研究所和研究院，并提出需要加快培养相关人才。为此，决定在北京和上海分别创办中国科学技术大学和上海科学技术大学。1958年5月，主管科研的副总理聂荣臻到上海与市领导商议创办上海科学技术大学的事宜，提出当年筹办、当年招生的目标，并确定由中科院和上海市共同筹办，由上海市副市长兼中科院上海办事处主任刘述周负责筹办工作，具体由副主任兼书记王忠良主持，并在上海办事处内成立了上科大的筹备委员会。

经过筹备委员会的讨论，确定了上海科学技术大学的办学方针为"全院办学、所系结合"，即由上海市与中科院合作，并由中科院在上海的研究所分别负责各个系的教学工作。1958年开始筹备办校并招生，但第一年是以中科大上海分校的名义招生。对于上科大的创办时间存在争议，有人认为是1958年，也有人认为是1959年，我认为是1958年创办的，尽管当时没有校园，甚至没有校牌，首届学生也是以中科大的名义招的，但实际上是为上科大招生的，而且招生的专业也是上科大设置的专业。这些专业与中科大的专业相近，都是根据国家重点支持项目来设置的。还有一个原因让我认为上科大建校于1958年，上科大创办初期是没有校舍的，因此1958年招收的学生在开学典礼后被分配到其他高校如华师大、交大、复旦、华东理工和中科大等学校上课。1960年，嘉定新校园建好后，这些学生就回到了嘉定新校园。杨雄里院士就是1958年考入学校的，他一向认为自己是上科大的第一届毕业生。因此，将1958年视为上科大的第一年是比较正确的。

1959年，在欧阳路221号挂起了"上海科学技术大学"校牌，这里原是光华大学旧址，也是上科大首次挂出校牌的地方。不过，直到1960年嘉定校区建好，上科大才正式迁入。上科大的创办完全由中科院筹备，专业根据中科院的重点项目设置，教学计划和最早的系主任也均由中科院的学科带头人负责，如技术物理系、化学冶金与物理冶金系、硅酸盐化学与工学系、元素有机化学系、生物物理化学系、计算数学系等。

上海科大创办史上，值得怀念的还有周仁校长。周仁校长是中国现代科学的奠基人和中科院上海分院的副院长，自1959年被任命为上科大校长后，为科大的开创作出了巨大贡献，包括办学理念、培养方针和具体教学计划的制定。尽管科大按"全院办校、所系结合"方针办校的时间不长，仅从1958年至1966年，但在这八年中就培养出了多位后来成为院士的学生，这在地方院校中非常罕见。上世纪60年代初，中科院对分配到其系统的大学毕业生进行统测，上科大的学生在基础教学和专业教学方面都取得了优异成绩，可与清华、中科大的毕业生相媲美。这样优秀的办学体制在"文化大革命"中被破坏，现在难以恢复，十分惋惜。

上海科专与上科大成立背景相似，最初名为上海计算技术学校，是国内首家此类学校，但不久后更名为上海第二科技学校。1959年成立，1960年迁至嘉定。虽然起初是中专，但在上世纪60年代考中专比考高中更难，毕业生多为各行业的技术骨干。不过，科专后来变为一般性大专，专业设置也变得普通，导致毕业生水平下降。尽管如此，科专早期的毕业生在很多领域都有卓越表现。我之前做过一些调查，发现科专的很多校友都参与了"两弹一星"的研究，他们虽然不是非常出名，但在"两弹一星"的研究单位和工厂中，很多技术骨干都是科专毕业的。可惜的是，我们在这方面的调查还不够深入，而且现在这些校友也都已经年老了，可能更难以查找，加上这些单位都是保密的，要查找这些校友的信息非常困难。当初我为了写学校材料，费尽周折才通过各种途径找到了一些科专的毕业生，他们与我们的第一颗人造卫星"东方红"以及第一枚导弹、火箭的研发都有关系，有的甚至担任了总工程师等要职。

原上海大学的历史相对较短，其基础源于1978年兴起的"分校"热潮。当时，"文革"结束后，我国高等教育迅速发展，上海涌现出11所大学分校。1983年，国家对分校进行整顿重组，如同济分校成为上海城建学院（后并入同济大学）；工大冶金分校则回归上海工大，成为其经济管理学院；复旦分校、科大分校、机院分院、外语分院、华师大分校及上海市美术学校这6所学校组合成了原上海大学。原上海大学既继承了老学校的底蕴，因为部分老教师和干部参与筹办，同时又有新学校的锐气，因为它作为新学校对社会需求反应迅速，且没有太多历史包袱，所以改革力度更大。尽管原上大在1983年成立时相较于工大、科大等学校显得年轻，但其独特的优势使其发展迅速。最典型的例子是社会学，原上大是我国改革开放后最早恢复社会学的学校。在1980年，当社会学是否应该恢复还存在争议时，复旦分校便率先恢复了社会学系，这显示了其既有学术沉淀又有改革锐气的特点。

四所学校各有特色，1994年，这四所学校平等合并，这一平等原则与学校的政策紧密相关。

总体来说，当初四校合并从操作层面来看还是自上而下的。4月25日，国家教委正式发文同意四校合并，成立新的上海大学，同时撤销原四所学校的建制。上海市领导十分强调学校合并必须是紧密型与化合型，这是一个原则。当时，我也对国内大部分合并高校进行了调查研究，发现我国许多高校也在进行合并，但形式各异。有的学校采取分两步走的策略，而不是一步到位。而我们所追求的，就是后来报告中所提出的"五个一"目标，即实现真正的、一步到位的全面合并。

"五个一"指的是一个领导班子、一个机关、一个财务、一个规章制度和一个发展规划。在这五个方面中，前三个方面的实践因学校而异，而后两个方面——规章制度和发展规划——则具有阶段性，上海大学也不例外。即使是"一个财务"，也不是一蹴而就的，所有资金并不是立即合并在一起。上海市的要求很明确：由于以前学校都是国家办的，所以资金会直接拨给上海大学财务，而不是分别拨给原来的四所学校。然后，学校会根据各个校区的发展情况或工作需求进行再分配。实际上，学校的财务来源有两部分：一部分是国家拨款，另一部分是学校自筹的资金，包括学费、科研经费、横向课题经费等其他各种收入。各个学校在自筹资金的分配方法和额度上存在差异。因此，将这四所学校的财务合并是一个有挑战性的过程。国家拨款的那一部分相对容易整合，但关键的难点在于如何整合和分配学校自筹的资金，这涉及如何分配和使用这些资金的问题，需要一定的时间和努力来解决。

所谓一个规章制度，听起来可能很简单，但实际上执行起来却颇具挑战。由于上海大学的校区非常分散，例如嘉定校区距离我们有30公里之遥，这使很多事情协调起来变得相当困难。按照规定，上海大学只有一个公章，这意味着嘉定校区无论是公事还是私事，如果需要盖章，都必须跑30公里到延长校区来，这显然是低效率的。在合并初期，为了强化统一管理，曾强行规定只能使用一个公章。当时，作为校办主任，我要发布通令要求所有原四校的公章全部上交到新上大的校办。这一举措实施起来困难重重，因为各个校区在日常运作中都需要使用公章来处理各种事务。公章的收缴导致一段时间内，各个校区在办事时遇到了极大的不便。为了解决这一问题，我们后来决定在保留统一的上海大学公章的同时，允许各个校区刻制带有编号的章，用于日常对外事务的处理。这样一来，虽然每个校区都有自己的章，但对外仍然代表着上海大学，并且得到了外界的认可。但是，对于向上级部门提交的正式文件，仍然必须使用由校本部出具的正式公章。这样一来，既保证了学校内部管理的灵活性，又维护了学校对外的统一性。

在规章制度执行初期，虽遇到了一些麻烦，但经过沟通，大家逐渐理解并接受了一套班子一个管理的模式。后来，学校设立了校区管理小组，由指定的校领导担任"区长"，负责各校区的日常管理。这些管理小组只有管理权，没有决策权，重大事项需回校本部讨论。此管理模式延续了蛮长时间，随着学校发展，管理逐渐集中，现已不再设立校区管理小组。

规章制度中最棘手的问题就是校内工资的分配。由于各个学校的改革方案和校内分配方案存在差异，因此统一分配方案的过程相当复杂。我们自1994年合并以来，经过几年的努力，直到九七、九八年才最终确定了一个统一的分配方案。在此之前，即便是同一个学校的同一职位，比如校办主任，由于来自不同的校区，他们的津贴分配办法也可能各不相同。为了解决这一问题，我们不仅要做好思想工作，让大家摒弃对原有校名牌子和校园的执念，真正以"上海大学"为荣，还需要采取一定的制度性措施。既然是制度性的，就必然带有一定的强制性，而我们就是这样执行的。

四校合并后，一个比较突出的问题是如何重新任命干部。总体来说，上海大学的领导班子过渡得相当顺利，这受到了教卫党委和外校领导的高度赞赏。有些学校合并后，领导班子往往难以平衡，不得不进行大量调动，甚至需要由上级党委"空降"担任学校主要领导。但在上海大学，我们基本保留了四校的原有领导班子。对于达到一定年龄的，即58岁以上的领导，我们全部安排为巡视员，继续留在学校发挥作用。在四校刚合并的时候，几乎没有领导被调走，全都留在了学校。同时，我们也没有从外部派入新的干部。钱校长继续担任校长，这是大家都能接受的。而原来的三位校长——方校长、郭校长和杨校长，则分别被任命为常务副校长。这种情况在高校中是相当罕见的。领导班子的具体安排是：钱校长任校长，市委组织部发文确认了三位常务副校长的排名按照姓氏笔画为序，没有大小之分。此外，我们还有多位副校长和四位巡视员。因此，那时的校领导确实相当多，作为校办主任的我在分配校领导房间时都感到有些头疼。当时南大楼条件差，三楼仅有少数房间供校办和领导使用。三楼东头有四间房，其中三间作为钱校长的办公室、接待室以及书房，我和钱校长的秘书共用一间。西头也有四间房，党委书记一间，两位副书记共用一间，小会议室一间，党办一间。南大楼三楼的其他房间中，校办用了两间，剩下的房间分配给副校长、巡视员，都是两人一间。因为所有校领导都在南大楼三楼，所以在校内就有"校领导一走廊"的戏称。

我们校领导班子的组成相当顺利。按照钱校长的要求，所有校领导必须在延长路南大楼上班。这样做的目的是保持一个机关和一个领导班子的整体性。在干部安排上，我们遵循了"德才兼备"和"五湖四海"的原则，不仅考虑干部的才能和德行，还注重平衡各校区的干部比例，避免出现某校区干部过多的情况。处长、科长的安排也基本如此，力求精简高效。四校合并后，机关进行了初步的精简，并开始选拔干部，全国多所高校对此表示赞赏并前来学习考察。在整个过程中，我们注重公平、公正和整体利益，力求原四校间的和谐联合。干部问题的解决是至关重要的第一步，必须优先处理。在这方面，上海大学做得非常出色。在四校合并后，教育部以国务院的名义召开了四次座谈会，我都有幸参加。每次会议，上海大学都会提交书面报告，其中一次还是由吴程里同志专门发言。李岚清同志也特别指出，学校合并成功的关键在于解决好干部问题。只要干部问题处理得当，学校合并就能顺利进行。事实上，许多学校合并过程中出现的纠纷，都与干部问题没有妥善解决有关。因此，我们上海大学在合并过程中，特别注重干部问题的解决，取得了良好的效果。

再有，合并后学校起什么名字确实是个重要问题，校名不仅是校园文化的体现，还承载着人们的期望和愿景。中国人对名字非常讲究，因此校名的选择也备受关注。当初四校合并时，校名的确定是自上而下的决策，我们底层并没有参与讨论。我曾专门请教了一些老领导，问他们校名的由来。钱校长对"上海大学"这个校名非常欣赏。值得一提的是，在1992年酝酿工大、科大合并时，钱校长就曾提议起"上海大学"这个校名，因为他认为用这个校名更能体现我们为上海服务的机遇和潜力。但是，我们就告诉他，上海已经有了一所"上海大学"，因此不能再使用这个校名了，当时他还感到有些遗憾。后来，当市领导决定四校合并后采用"上海大学"这个校名时，钱校长顿时感到非常满意，这正好符合他的期望。

然而，以"上海大学"命名，在一些教师、干部和学生中引起了不同的想法。特别是对于学生来说，他们当初考入的是上海工大或上海科大，这两所学校在社会上享有较高的声誉。因此，当四校合并后，他们担心上海大学的毕业证书会影响他们的就业前景。于是，很多学生来到校办要求使用原学校的毕业证书。这显然是不可能的，因为原四所学校的建制已经被撤销。为了解决这个问题，我们做了很多工作，包括向学生解释新上海大学的优势和发展前景以及钱伟长校长的影响力。我们告诉学生，钱伟长校长是一位享有全球声誉的科学家和教育家，他的名字和印章在全世界都被广泛认可。无论他们走到哪里，只要拿出盖有钱伟长校长印章的毕业证书，都会受到尊重和认可。随着时间的推移，学生们逐渐接受了这个现实，并认识到上海大学这个校名的优质资源和潜力。现在，上海大学已经成为一所享有盛誉的高等学府，其名字在国内外都广为人知。这证明了钱校长当初的选择是正确的，他的高瞻远瞩为上海大学的发展奠定了坚实的基础。

一波三折，跻身"211"之路

1993年，中共中央、国务院颁布了《中国教育改革和发展纲要》，其中提出了一个重大战略部署：面向21世纪，我国将集中力量建设100所重点大学和一批重点学科，这一计划被简称为"211工程"。这个消息如同一剂强心针，激发了所有高校的活力。当时，高校普遍面临着办学效益不高和投入不足的问题，因此，国家决定通过改革和调整院校资源来提高教育水平。合并高校成为实现这一战略的重要手段之一。在这场激烈的竞争中，上海的地方院校也面临着巨大的挑战。为了争取进入"211工程"，上海市政府明确了支持上海大学和上海第二医科大学的立场。事实上，当初考虑合并上海工业大学和上海科技大学成为"上海理工大学"，也是出于这方面的考虑。

1994年到1996年中间也经历了非常惊险的过程。大家都知道一个地方要有两所地方院校进入"211"，难度是蛮大的，中央明确一个省（市）属最多一所，所以到底是二医大进还是上海大学进，这里面也有波折。经过艰苦的努力，上海大学在1996年通过了部门预审，1997年又成功通过了可行性论证。出乎意料的是，在教育部公布的"211工程"高校名单中，上海大学和上海第二医科大学竟然都没有被列入。这一消息引起了关注和质疑。当时，我正好担任校办主任并具体负责"211工程"的相关工作。在国外的校友也联系我，询问上海大学是否真的是"211工程"高校。由于"211工程"的影响力极大，全球都在关注中国这一重点大学建设项目。面对这一尴尬局面，我内心也十分着急。我们明明已经通过了专家的可行性论证，教育部的同志也专门在上海大学部门预审上宣布二医大和上大是进入"211工程"的最后两所学校。但教育部正式公布的名单上的缺失却让我们陷入了被动的境地。我立即前往市教委了解情况，发现问题出在上海市教委与国家教育部的沟通环节上。为了解决这个问题，上海市政府再次正式向教育部提交报告，经过沟通，直到2002年，二医大和上海大学才正式被列入"211工程"的名单。后来，教育部通知所有"211工程"高校到北京汇报一期建设成效和二期建设规划。我们收到了教育部的正式文件后，由方校长亲自带队，组织我们一行人前往北京准备汇报。我们直接向周济部长进行了汇报，并得到了他的许多鼓励和支持。

其实，在1994年四校合并后不久，上海大学就积极响应国家教委的号召，成立了"211"建设办公室，开始为申报"211工程"做准备。虽然当时上海大学还未被正式列入"211"名单，但学校对此高度重视，由方校长亲自担任办公室主任，我作为校办主任兼管"211工程"具体工作，并配备了两个科研处长协助工作。到了1996年，申报"211工程"正式提上议程，学校又成立了"211"建设工作领导小组，由方校长担任组长，并附设了一个办公室负责对外联络。作为校办主任，我负责牵头"211"办公室的工作，任务十分繁重。

我们首先需要按照部门预审的要求，准备两个重要材料：学校的总体发展规划和学科发展规划。这两个规划都需要写得非常详细、完整，包括学校的现状、发展目标、重点学科的研究方向、发展规划等内容。我负责理工科部分的撰写，而文科部分则请文学院院长助理金冠军协助完成。

最终我们整理出了两本厚厚的申报材料。在申报过程中，我们积极宣传"211工程"的重要性，将其作为提升学校士气和精神的重要旗帜。全校师生的注意力都集中在"211"建设上，这也有效地消除了四校合并时可能出现的各种杂乱想法。

"211工程"对上海大学来说是一个极好的机遇。上海大学在1996年开始筹备"211工程"，经过部门预审和专家可行性论证后，正式执行"五年一期"，我负责了前两期的"211"办公室工作，包括学科发展规划和管理等。为了学校的长远发展，学校成立了学科建设办公室，我兼任学科办主任一职，后来由翟启杰接任。现在学校的发展规划处前身即为学科建设办公室。

1994年，我被任命为上海大学首任校办主任，并在1996年开始兼管"211工程"相关工作。到1999年，我卸任了校办主任的职务，被学校任命为秘书长。在地方高校中，传统的领导职务只包括校长、副校长、书记和副书记。但在上世纪90年代，我国高等教育内部管理体制改革，有些高校中设立了秘书长、教务长和总务长这三个新的领导职务。不过，这一制度在1992年后逐渐取消，因为这三个职务层面被认为增加了管理层级，会导致管理效率降低，但是在1999年，我们学校还是设立了教务长、秘书长和总务长这三个职务，主要是考虑四校合并后，校区分散，又要贯彻"五个一"，需要协调的事情特别多，增设"三长"以后，希望能提高办事效率。随着学校的运行逐渐步入集中管理的轨道，教务长和总务长的职务便被取消了，但仍然保留我的秘书长职务，主要原因也就是整体协调，包括"211"建设、学科建设以及对外口径的统一。

另外，学校的党政一把手都是方校长一人担任。他原先是常务副校长，后来在1998年吴程里不再担任党委书记后，方校长又兼任了党委书记的职务，成了学校党政的领导者。由于他需要处理大量的党务和校务工作，无法事必躬亲，因此他希望有一个职位能够贯彻他的办学理念和工作要求，于是便保留了秘书长一职。我从1999年开始担任这个职务，不再兼任校办主任。再后来，学校进行了改革，将校办和党办合并为"两办"。这样看来，我们学校的"两办"制度在很早就已经建立起来了。

"211工程"对于学校的建设，特别是像我们这种新合并的高校来说，影响和推动作用是不可估量的。如果没有"211工程"和新校区工程，上海大学就不会有今天的成就。可以说，新上大的成功立足于三大基石：钱校长的"三制"改革、新校区工程以及"211工程"，这三大基石成为我们的立校之本。现在，我们学校所有的学科建设以及校园规划都是在这三大基石上建立起来的。没有当初的"211工程"，也就没有现在的双一流建设，尤其是文科。当初"211工程"的建设重点就是学科建设，教育部为每个学校确定了几项"211"重点建设项目，数量有限。我们学校当时确定了9项重点项目。而根据教育部的文件规定，被列为"211"重点项目的至少要是博士点。这正是"211工程"对我们学校学科建设的巨大推动作用的体现。

当然，在四校合并之初，我们文科基础相对薄弱。原先工大、科大共有9个博士点，全部集中在理工科领域。钱校长深知单一发展的局限性，他提出要加强文科建设，以实现学科的均衡发展。尽管当时文科连硕士点都没有，但我们仍坚定地选择了发展文科，并在"211工程"中列出的9项重点建设的学科中包含3项文科，我们选择了社会学、美术学和国际商务这三个方向进行投入。虽然这三个学科在当时都没有博士点，连硕士点都没有，但我们还是力求通过一期、二期、三期的持续建设，迅速提升文科水平，事实证明这样的决策是正确的。现在，我们的人文社会学科实力得到了显著提升，理工科也进一步巩固了优势地位。尽管在"211工程"的建设过程中，我们经历了不少波折和挑战，但无论如何，现在"211工程"已经成为我们国家建设历程中的一段重要历史，它对于国内外的影响依然深远，成为许多单位招聘和留学生选择学校的重要参考标准。我作为上海大学"211工程"建设最初方案的申报者和管理者，为学校所取得的成就感到很欣慰。

一体两翼，新校区建设

  在积极推进"211工程"建设的同时，学校也面临着一个亟待解决的问题，那就是校园过于分散。合并之初，11个校区显然与钱校长的办学理念不符，他一向强调学科交叉和"三制"改革以及学生之间的自主选课。这种分散的校区布局给管理带来了诸多不便。因此，集中办学的需求变得日益迫切。教育部领导和上海市领导在视察学校时，都谈到了集中办学的重要性。1996年，市里开始有了建设新校区的设想，并着手寻找合适的地块。但经过一年多的寻找，地块一直未能确定下来。钱校长对此非常着急。直到1997年6月4日，黄菊书记到学校来，和钱校长面谈，明确新校区"立项""开工"。随后，学校在1997年6月份开始征地、招投标等一系列准备工作。年底，新校区举行了奠基仪式。1998年正式开始建设，仅用了一年左右的时间就完成了第一期工程。我记得真正动工应该是在1998年的5月份，而到了1999年9月份，新校区就正式启用。尽管建设时间紧凑，但学校仍然按时完成了任务，为师生提供了一个全新的学习和生活环境。

  1999年9月，学校迎来了7 000名学生并举办了开学典礼。第二期的建设相对耗时较长，直到2001年，大部分建设工作才基本完成。但体育场、体育中心和大礼堂等项目的建设有所延后。经过这两期建设，新校区的办学条件已经基本完善。随后，我们又进行了一些增建。2007年，我们开始规划并建造东区。现在，尽管宝山校区被视为新校区，但实际上它已经是学校主体，另外保留了延长校区和嘉定校区，我们称之为"一体两翼"。按照钱校长的要求，学校应占地3 000亩，但目前宝山校区加上其他部分只有2 000亩，从办学规模来看确实不够。因此，我们虽然曾考虑过搬迁延长校区和嘉定校区，但经过深思熟虑后还是决定保留。一方面，那边土地不够，搬迁的投入也会非常大。特别是延长校区，如果真的进行动迁，难度极大。因为那里有几个国家级和上海市的重点实验室，设备昂贵且精密。我们担心搬迁会导致设备精度下降，因此决定保持原状。另一方面，我们也认为延长校区是一块宝地，不能轻易动迁。对于嘉定校区，我们也曾多次考虑如何置换，但最终还是没有实施。

所以，我们现在就是"一体两翼"的格局。科专和原上大所属各学院的校区都进行了置换，除了原上大的新闸路校区以外，置换所得的资金全部投入到了新校区建设中。当初上海市政府对新校区的投入加上校区置换的投入，才造就了现在的新校区。当然，这还不包括东区和后来新建的学生宿舍。那个时候，一期和二期建设加起来投入了14亿元，应该说效率还是很高的。新校区建成后，全国高校也掀起了一股新校区建设的高潮。

2002年，教育部常务副部长周济到上大视察时称赞说，上海大学在新校区建设上带了个好头。确实，我们按照钱校长的教育理念，成功地建立了一个全新的现代化校园。这不仅是新中国成立以来上海地区一次性投入最多的大学建设项目，而且我们的建设经费使用得非常合理。更重要的是，在新校区建设过程中，我们始终坚守纪律，没有出现腐败现象。这一点，我在与其他学校交流时总是倍感自豪地提及。在新校区建设的整个过程中，我们共投入了14亿元。当时的市委副书记、上海大学新校区建设领导小组组长陈至立，亲自到学校来强调纪律的重要性。她告诫我们，在新校区建设上必须严于律己，因为大规模的投资往往容易滋生腐败。她的话给我留下了深刻的印象，那时候社会上确实存在"投资一个亿抓一个贪官"的说法，虽然我不清楚这个数据是否准确，但这样的警示让我们更加警醒。在上海大学党委和钱校长的领导下，我们顺利地完成了新校区建设，不仅校园建设得美丽宜人，而且没有发生任何与校区建设相关的腐败案件。因此，新校区建成后，全国有数百所高校纷纷来到上海大学参观学习。一方面，他们想了解我们如何顺利地将四所学校合并成新的上海大学，包括合并过程中的工作经验、党委和各级干部的作用等；另一方面，他们也对我们的新校区建设规划和思路非常感兴趣。

那时候，我在校办工作，几乎每天都要接待参观团，有时候一天甚至要接待两至三批。这些参观团通常由各省市主管教育的副市长、副省长或教委主任带队，带领当地的十几所高校代表组团前来交流学习。后来我不再担任校办主任，在整理以往的工作资料时，我发现自己竟然有500多张全国各高校主要校领导的名片，这意味着我接待过至少500所高校的参观团。实际上，有些校长甚至来过两三次，就像走亲戚一样频繁。他们每次来都看得非常仔细，问得非常详细。那时候我的接待任务确实非常繁重，但这也从侧面说明了上海大学在合并和新校区建设方面确实在全国高校中树立了典范。

李岚清同志从领导岗位退休后，撰写了一本回忆录。在这本回忆录中，他详细记录了当初学校合并的过程，并特别提到了上海大学和南昌大学等几所学校的合并案例。他对这些学校的合并给予了高度评价，认为这些都是成功的典范，并将这些经验向全国进行了推广。从上到下，各级领导都对我们学校的合并给予了充分的肯定。

以我们的体育中心为例，这个体育中心是二期规划中的项目，于2002年后建成。当时，体育总局和教育部的领导带着两所高校的领导来参观我们的体育中心。由于我经常负责接待任务，所以我陪同他们进行了参观。我们的体育中心规模相当大，拥有两个标准田径场和足球场，其中一个还配备了看台和灯光设施，还建有一个温水游泳馆，这是上海高校中第一家温水游泳馆，设施非常现代化，可以举办国际比赛，无论是净化系统还是其他设施，都是当时最先进的。另外，还有一个能容纳4 000人的体育馆和训练馆，构成了一个非常完整的体育中心。参观结束后，领导们询问了我关于体育中心的建设费用。我回答说，根据我们学校的测算，当初总共投入了1.2亿元。两位领导对此表示怀疑，他们认为这么大规模的现代化体育中心不可能只花费1.2亿元。他们提到某所大学建造了一个规模相似的体育馆，国家就投入了4亿元。我坚定地回应说，这是可能的。我解释说，整个上海大学新校区总共才花费了十三四亿元，体育中心作为其中一部分，不可能占据如此大的比例。我对自己的回答非常自信，因为学校里上报的很多统计数据都是我经手的。我举这个例子是想说明，我们上海大学的人，包括上海人在做事时非常注重精细和节约。这种精细的态度在上海大学的建设过程中得到了充分体现。

事实证明，这个花费1.2亿元的体育中心确实物超所值。直到现在，它仍然运行良好，没有出现任何问题。这再次证明了我们上海大学在新校区建设方面确实走在了前列，正如周济部长所赞扬的那样。

校园规划是完全按照钱校长的教育思想，我们现在的校园规划就是钱校长画出来的，然后设计院按照他的设想和他画的草图，演化成现在这样一个校园。我一直这样说，因为建筑本来就是校园文化重要的体现，所以新校区其实就是钱伟长教育思想的一种体现。现在我们所有的人进入校园，都要深入了解新校区建校的过程，那是学校艰苦创业教育思想的体现。

2007年，经历和回顾的分水岭

2007年，我年满60周岁，按照学校的规定应当退出一线工作。由于学校对我依然信任，便延聘我担任高教研究所的专职所长，直至2009年。随后在2009年，山鸣峰接替了我的职位。他原先是人事处处长，后来转任高教所所长。而我在高教研究所一直工作到2011年，之后才正式离职。因此，我的正式退休年份是2011年。自1970年大学毕业留校工作以来，我一直在这所学校辛勤耕耘。

从2007年到2011年，我专注于两件重要的事情。一件是上海大学的校史研究，另一件是钱伟长教育思想研究。之前我常常忙于大量事务性工作，但在2007年后，我得以将更多的心思和时间投入到这两项研究中。我一向钟情于研究，对于之前所有的工作，我都有详尽的记录，能够收集的资料也都悉数收集。因此，到了2007年以后，我便开始系统地整理和深入这两项研究。当然,学校对此也给予了很大的支持。当时的常务副校长周哲玮非常赞赏我的研究工作,并提供了一部分经费,鼓励我全神贯注于这两项研究。

先来说上大的校史研究。2004年,为了纪念四校合并10周年,当时我主动向党委书记兼常务副校长方明伦建议,我们不仅要编纂1994—2004年校志,还应该做一个抢救性工作,即尽快编纂科大、原上大和科专的校志。因为在四校合并的时候,这些学校还没有校志。工大有校志,但只编到了1991年,1992年至1994年的信息还是空缺的,也需要补全。我深知,如果不尽快将这些学校的校志编纂出来,那么这些珍贵的历史资料将会永远消失,这对于后人来说将是一个无法弥补的遗憾。方校长非常支持我的想法,并希望我能出面组织一些老同志来完成这项任务。于是,我迅速组织了原四所学校的校办主任和一些老员工开会,向他们传达了学校的意图并提供资金支持。这些老员工听后非常感动,愿意全情投入,编写校志。学校鼓励编志的同志将原来学校的资源完整保存起来,共同为新上大的发展贡献力量。2004年,四校合并10周年之际,学校出版发行了《上海大学志(1994—2004)》,另外,内部发行了《上海科学技术大学志(1958—1994)》《上海大学志(1983—1994)》《上海科技高等专科学校志(1959—1994)》。

2005年,上海市档案局专志办要求有条件的单位重修志,周哲玮校长指示我接下这项工作。在编写过程中,我们遇到了如何划分历史阶段的问题,经过讨论,最终决定从1922年开始编辑,将校志分为三个阶段,即1922—1927年、1958—1994年、1995—2005年。我们努力进行了编写工作,尤其是针对1922—1927年上大的有关问题请教了市委统战部和上海市档案局的专家,以确保内容的准确性和客观性。但由于我们1922—1927年的资料缺乏,再加上专志办对我们有字数限制,并且1958—1994年的部分在浓缩过程中也出现了较多问题,未能达到理想效果,因此没有正式出版。在编写这个专志的过程中,我的工作重心也是主要放在研究钱伟长教育思想上，对专志没有花太多心思。

第二件事情是研究钱伟长教育思想。早在2006年，我就建议学校要组织力量专项研究钱伟长教育思想。我深信钱伟长教育思想是我们学校的珍贵遗产，是上海大学独特的文化标志，值得我们传承和发扬。当时，我向周校长明确表达了我的意愿，我愿意承担这项任务，负责组织和推进相关研究。在学校文科处的支持下，我申请了教育部和上海市教委的课题，主题是"钱伟长教育思想与上海大学的发展启示"。很幸运，这些课题都得到了批准，被立为全国教育科学十一五规划2007年度教育部规划课题和上海市教育科学十一五规划2007年度重点项目，项目负责人挂名周哲玮，但由我具体负责。我随即组织了一支研究团队，以高教研究所为核心，并吸引了校内15位副教授以上的教师自愿参与，他们各自选择了关于钱伟长教育思想的研究题目。在此基础上，我们形成了一个专兼职结合的研究团队。到了2009年，我们的研究取得了一些初步成果，并由上海大学出版社编辑出版了一套丛书。不过，我对这些成果并不完全满意。因为虽然参与写作的学者们在理论上对钱校长的教育思想进行了深入探讨，但他们对钱校长自1983年以来在上海大学的历史过程并不十分了解。因此，我觉得这些书籍在内容上略显空洞。尽管我们已经出版了五六本书，但我仍然觉得还有很大的提升空间。

关于钱伟长教育思想的研究，我本来只打算负责组织工作，并没想过会亲自撰写专著。我提出的主题是"钱伟长与上海大学"，旨在全面阐述钱伟长在担任上海工业大学和上海大学校长期间的实践历程和思想精髓。我原本委托了高教研究所的两位同志来承担这项写作任务，他们都是原工大的人，对学校的历史应该了如指掌。但他们提交给我的提纲却与我的期望大相径庭，这让我倍感焦虑。于是，我决定亲自操刀，投入写作。在短时间内，我完成了《钱伟长与上海大学》的撰写工作。由于我对这个话题比较熟悉，因此进展相对迅速。该书出版后，宣传部提议在校报上进行连载，将书中的每一章节分期发布，甚至有些内容还发布了两次。这些内容也被上传到了网上，迅速在海内外传播开来。我收到了许多来自读者的反馈，包括在海外的校友，他们对我的作品赞赏有加。许多人之前对钱校长、工大以及上大都有所了解，但却不清楚钱校长与上大之间的深厚渊源，更不知道钱伟长教育思想究竟包含哪些内容。这本书的出版正好填补了这一空白，为大家提供了一个全新的视角。

《钱伟长与上海大学》这本书确实在推动上海大学深入研究钱伟长教育思想方面起到了积极作用。到了2012年，我已退休，时值钱校长诞辰100周年，出版社希望出版一些纪念钱校长的书籍，于是再次邀请我撰写有关钱校长的专著。此时，出版社反馈说，大家对我所阐述的钱校长的教育思想已经广为接受，但对钱校长的一些生平故事还不够了解。因此，我专门撰写了一本关于钱校长在上海工业大学和上海大学期间的故事集，命名为《校长钱伟长》。这本书以叙述故事为主线，主要聚焦于钱校长在两所大学发生的点滴故事。在叙述过程中，自然也融入了他的教育思想以及我们如何贯彻落实这些思想的实践。这与我之前主要阐述钱校长教育思想的书籍有所不同，原先的那本书更注重理论上的阐述。

有了这两本书，我认为我已经圆满完成了学校当初交给我的两项任务：一是进行校史研究；二是研究钱伟长教育思想。虽然在校史研究方面我还有许多工作要做，但至少我已经收集了一些宝贵的资料。同时，通过这两本书，读者也能更深入地了解上海大学的一些重要历史事件。2007年以前，我亲身经历了许多事情，而2007年以后，我开始不断地回顾和反思这些经历，这些经历就像过电影一样在脑海中重现。我希望能够非常详细地反馈过去的一切，因此，我现在不厌其烦地再次向你们讲述我的这些故事。在讲述的过程中，肯定会涉及这两本书中已经提到过的内容。但是，由于有些细节太过微小，书中可能没有涵盖到。所以，不管是细节还是大致的情况，我都会尽可能地再向你们叙述一遍。可能会有重复的部分，但也可能会有新的内容和发现。

钱校长的"上海情缘"

钱校长作为著名的科学家和教育家，为何选择上海工业大学，令人好奇。通过阅读他的回忆录和资料，我们了解到改革开放后，他从1978年开始在全国巡讲，分享力学研究成果和推进四个现代化愿景。他的足迹遍布全国，听众众多，上海也是他重要的一站。根据钱校长的回忆以及上海工业大学后来提交给市委的报告，上海工业大学从1978年年底起就与钱伟长有了接触，这是有依据的。改革开放后，有关钱伟长要离开北京的消息不胫而走，当时我作为大学教师也有所耳闻。到底是什么原因促使他离开北京，这是后来知道的事情了。

当时听说有很多单位都想要聘请钱伟长。钱校长后来在学校里作报告时也提到过，后来的文件和资料也证实了这一点。中科院的钱学森曾邀请他回去担任力学所所长，安徽省委书记、原任中科院副院长兼党委书记的张劲夫也邀请他去安徽大学任校长，还有华中工学院（华中科技大学前身）的朱九思院长更是明确表示愿意让出院长的位置，请钱伟长去接任。朱九思作为一位老革命家，一向对钱校长非常敬重。因此，钱校长在1978年就开始帮助华中工学院创建力学专业，并在那边带研究生，朱九思还出资请钱伟长到庐山去著书立说。此外，上海交通大学也想要聘请钱校长，但当时交大已经有了校长，是一位姓范的老专家。因此，上海工业大学在这些单位中争取到钱校长是不容易的。与这些学校相比，上海工大的地位很低，水平有待提高。但关键在于态度，上海工业大学对钱校长的尊重和诚意最终赢得了他的青睐。

说到邀请钱伟长到工大来当校长，我们就一定会提到张华同志。张华同志在上海工大的建校史上无疑会留下一笔。"文革"前，他是交大的党委副书记，是一位深具政治素养和远见的老干部，他不仅看人眼光独到，更有着坚定的政治担当。"文革"后，他担任了上海工大党委书记，他积极向市委提交报告，希望能聘请到一位既是专家型、学术造诣深厚，同时又有着广泛社会影响力的杰出人士来担任工大实质性的校长。当得知钱伟长有意离开北京的消息后，他立刻将目光聚焦到钱伟长身上，向上海市的领导正式提出这样的请求。当时的上海市市长汪道涵和主管文教宣传的市委书记夏征农，都是党内公认的专家型领导，他们不仅学识渊博，政治品质也极为高尚。汪道涵和夏征农都出身名校，一个是交大毕业，一个是复旦毕业，他们对上海工业大学聘请钱伟长担任校长的计划给予了极大的支持。然而，要争取到钱伟长的到来并非易事，尽管如此，有了张华同志的坚定决心和市委领导的大力支持，上海工大最终成功聘请到了钱伟长这位杰出的校长。

1978年年底，中国仪器仪表学会弹性元件分会在上海举办学术研讨会，研讨会特别邀请钱伟长参加。会务筹办人之一、上海工业大学自动化系教师林友德把钱伟长已经到上海的信息通报给了工大的领导，工大的领导抓住这个机会，随即派出自动化系的党总支书记商诒中全程陪同钱伟长在上海的行程。在某晚，工大的主要领导一行到钱伟长下榻的衡山宾馆拜访并请他吃饭。不久，学校又派了副校长艾维超先生去见钱伟长，艾先生与钱校长关系深厚，他们不仅是清华大学的校友，艾先生的夫人还与钱校长的夫人孔老师是同届中文系的同学，这种缘分使得他们关系更加紧密。1963年，原任清华大学电机系副主任的艾先生调到上海工学院担任电机系的系主任。见面后不久，钱伟长在四川重庆主办的《应用数学和力学》杂志在上海工业大学设立了编辑部办事处，架起了工大与钱伟长联系的桥梁。

到了1980年，学校加大了对钱校长的邀请力度。张华同志在上海亲自会见了钱伟长，并委派党委副书记朱晓初专程前往庐山与钱校长会面。当时，华中工学院资助钱校长在庐山进行写作。而到了1981年，当钱校长在桂林讲学时，朱晓初再次前往桂林，诚挚邀请钱校长能亲临上海工业大学参观指导。

1981年年底，朱晓初前往桂林与钱校长会面。朱晓初后来告诉我，在桂林期间，钱校长并未明确表示会来上海工业大学。朱晓初一直陪伴在钱校长身边，听他讲学，随后又陪同他进行视察。钱校长参观了许多地方，最后终于答应前往上海。于是，朱晓初陪同钱校长及其夫人孔老师一同踏上了前往上海的旅程。这段旅程充满了戏剧性。原来，上海交通大学也派了人到桂林，同样陪在钱校长身边。不过，交大派去的人员地位似乎没有朱晓初高。朱晓初在火车上发现了交大的人员，但双方并没有交流。当火车抵达上海站时，两所学校的接站队伍都已经等候在那里。上海工业大学的队伍由张华带领，交大方面则是由党委书记邓旭初亲自出马。两队人马在火车站相遇，共同迎接钱校长，这一幕确实有些戏剧性。据我们学校的人讲述，双方寒暄过后，钱校长最终选择了乘坐上海工业大学的车辆，一同前往学校了解情况。

张华同志具有高超的领导水平，他的一席话对最终说服钱校长加入上海工业大学起到了至关重要的作用。张华同志诚恳地表示："我们期待钱校长能在这里贯彻您的教育思想，用您的教育理念来引领这所学校的发展，我们将全力支持您。对于过去党的一些政策问题给您带来的误解甚至错误，我们深感遗憾。现在，您来到上海工业大学，我们党委将坚定不移地支持您，按照您的思想和理念来建设这所学校。"这番话深深地打动了钱校长。

根据学校档案和我个人的研究，钱校长没有选择交大的原因可能与其安排和体制变化有关。交大当时只提请让他做副校长，而非校长。此外，交大在钱校长到上海之前已从六机部划归教育部，这可能也影响了他的决定。

当然，钱校长本人的意愿在他选择上海工业大学作为自己新的工作岗位时起到了关键作用。他在回忆中明确表示，自己选择上海是因为这里被视为改革开放的前沿，他认为在这里可以实现自己的教育思想。钱校长曾为费孝通的文选写过前言，在前言中，提到他曾与费老商议是否到上海并达成共识，费老也认为上海一定是中国改革开放前沿，认为钱伟长可以到上海去实践自己的教育理念。除此之外，上海市的领导汪道涵和夏征农也表达了对钱校长的热切期待。钱校长在1978年后的全国巡回报告中与夏征农有过会面，夏征农明确表示欢迎他到上海工作。因此，上海工业大学提出邀请他出任校长与他的初衷不谋而合，可以说是他主动选择了上海工业大学，而非单纯的被邀请。钱校长选择了上海工大，并非因工大地位高、影响大，而是看到了能施展自己才能的机会。他曾表达过改革开放后要寻找施展才能的舞台，上海工大提供了这样的机会。他一生坚持教育救国、科技救国的初心，并希望按照自己的理念创办一所真正的大学。因此，选择上海工大是符合他初心的决定。

1986年，由于张华和朱晓初同志都已年过六十，工大面临领导层的重组，郑令德同志接任党委书记，徐匡迪、方明伦等新一批领导开始崭露头角。当时，教卫党委有意让钱校长转为名誉校长。但张华同志坚决反对这一提议，他说，邓小平同志有过批示，钱校长的任命不受年龄限制，张华还强调钱校长自上任以来，学校各项工作已逐步走向正轨并有了显著的进步，此时更换校长将对学校产生极大的负面影响。教卫党委最终采纳了张华同志的意见，钱校长得以在1986年继续担任校长一职。此后，领导层经过一个月的重组得以稳定。至1994年，新上海大学成立，上海市政府再次任命钱校长为上海大学校长。他一直担任此职直至2010年离世，成为新中国成立后上海乃至全中国年龄最大的在任校长，同时也是在位时间最长的校长，在我国高教史上书写了一段传奇，邓小平同志的批示与钱校长对上大的贡献共同铸就了他的传奇。他的领导使学校走上正轨，对学校发展举足轻重。没有钱校长，就没有工大前十年的高速发展和新上大。

钱校长的到来是由多方面因素共同促成的，但总体而言，这主要得益于我国改革开放的大背景。若没有这样的时代背景，像钱校长这样的人才可能无法得到重用。特别是在上海这个改革开放的前沿城市，无论是高层领导还是基层领导，都展现出强烈的改革意识、高度的政治觉悟以及坚定的担当精神。用现在的话来说，就是领导们具备了政治担当。在钱校长的政治问题尚未得到完全解决的情况下，上海市委和学校党委便愿意承担风险，让他来领导学校的发展，充分发挥他的才干，用他的教育理念来引领这所大学。这样的决策确实是不容易的。

推行"三制"

新上大成立后，钱校长首先着手在全校推行"三制"。新校区的发展以外延式为主，通过建设一个集中、现代化的校园，改变了学校原有的分散形态。同时，"211工程"也是钱校长关注的重点，它不仅包括外延式发展，还涉及内涵式提升。在学科建设方面，学校明确了重点发展学科，并制定了相应的发展规划，这是内涵式发展的重要体现。此外，"211工程"还注重公共服务体系等基础建设，如校园网、图书馆和基础实验室等，这些都属于外延式发展的范畴。相比之下，"三制"的推行则是一种内涵式发展，它旨在建立一种全新的人才培养体系和模式。

讲到"三制"，还要从工大的时候说起。钱校长于1983年到达工大后，从1984年开始责成学校教务部门着手研究学分制、选课制和短学期制。这些制度在欧美国家早已实行，新中国成立前的许多学校也采用过。但1952年院系调整后，国家改为学年制。改革开放后，工大并非最早恢复学分制和选课制的学校，武汉大学才是先驱。当时所搞的学分制和选课制并非完全意义上的，而是介于学年与学分之间，被称作学年学分制，学生的课程和专业安排仍受计划经济模式影响。

钱校长到工大后，推行"三制"，首先要求全校教师精简课程，对长学时的课程进行压缩，并重新安排教学计划。他还特别关注教学一览的编制，要求包括课程名称、大纲、简介、课时安排和教师介绍等详细信息，并强调中英文对照的重要性。尽管当时教师们的英语基础普遍薄弱，且专业课英语翻译难度较大，但钱校长仍坚持与国际接轨的标准，并请来一位资深的外文专家负责审查教学一览和对外信件。这一系列改革措施力度之大，令人印象深刻。随着改革的深入，工大的课程数量不断增加，学生选课范围也逐渐扩大。学分制和选课制的推行得到了校内师生的广泛认同。当时，学分制的实施还面临着校内与校外的衔接问题：按照学分制的要求，学生可以提前毕业，但当时我国实行的是统招统配制度，即统一招生、统一分配，这意味着提前毕业的学生可能无法获得毕业证书，因为国家人事部门是按照学年制来颁发证书的。因此，学分制的全面推行还需要得到社会的支持和认可。在1993年以前，尽管工大学分制在校内搞得轰轰烈烈，但真正得到社会的广泛认同还需要一个过程。

学分制和选课制容易被接受，但短学期制较难推行。短学期制将一学年分为三个12周的学期，第二学期（12月至次年2月）与春节（在公元年是浮动的）有冲突，导致学生寒假后考试成绩不佳。钱校长虽未考虑春节因素，但他的初心是如何更好地培养学生。因此，学校不断调研并尝试调整学期安排以应对此问题。

钱校长坚持推行短学期制，主要出于多方面考虑。首先，他认为教师应精简课程，缩短课堂教学时数，提升学生的自学能力，教材必须不断更新，以确保学生学到的是最前沿的知识。其次，钱校长强调教师必须参与科研工作。如果课程周期过长，教师将疲于备课而无暇进行科研。因此，他提倡将课程编排得更紧凑，以便为教师腾出更多科研时间。另外，钱校长还特别指出，教材除了传授最新技术外，更应教会学生如何自学。因为一本教材无法囊括学生一生所需的所有知识，所以关键是要教会他们学习方法和研究方法。在钱校长的理念中，减少学时并不是简单地拦腰斩断课程，而是要对教材进行深度的精简和重构。他主张将学期缩短至12周，这样教师在结束一门课程后可以有更多时间进行科研工作。虽然这样的安排对教师提出了更高的挑战，但也促使他们必须在课堂上讲授最精华、最核心的内容，并引导学生自主学习和扩展知识。对于学生而言，短学期制加快了学习节奏，提高了学习效率。过去在20周的长学期中，学生往往前松后紧，而现在每 10 周就有一次考试，迫使他们更加紧凑地安排学习进度。此外，短学期制还增加了学生的学习自由度。他们可以在更短的时间内完成一门课程学习，从而有更多机会选择其他课程，拓宽知识领域，更好地规划自己的成才道路，这也符合社会对复合型人才的需求。过去学生进大学通常只学一门专业并终身从事该领域工作，但现在科学技术交叉融合，人才需求趋向复合型。钱校长在上世纪 80 年代就高瞻远瞩地提出，学生除了学习本专业知识外，还需涉猎其他相关领域，以适应社会发展。短学期制快节奏的教育方法有助于学生适应这种变化。同时，钱校长强调文科学生应加强社会实践，接触社会，因此短学期制拉长了暑假时间以便于实践安排。

短学期制的实施对教师和管理干部都带来了不小的压力。教师需要全面重写教材，而管理干部，特别是教学管理部门的干部，也需要适应全新的工作模式，这让他们感到非常疲惫。刚开始的时候，抱怨声此起彼伏。但学校党委一直坚定支持钱校长，钱校长也不断通过大小会议来沟通和解释，虽然最初面临很大的阻力，但最终改革还是得以推进。1985 年开始试点，经过一年多的实践，1986 年开始从新入学的一年级学生全面实行。到 1993 年，工大的"三制"改革已经非常完善，并且得到了市领导的认可。在这样的制度下，有的学生可以提前修满本科学分，也能提前考研究生。

1994 年 5 月四校合并后，钱校长要求全校立即执行"三制"。由于其他学校初始无此概念，执行难度大，因此我们将所有管教学的副院长和教学秘书集中在青浦的法学院进行几天的封闭学习，由钱校长亲自讲解，常务副校长杨德广主持，党委书记吴程里坐镇。学习的重点首先是转变观念。学习班结束后，全校利用一个暑假的时间，按照"三制"的要求，以工大的蓝本为参考，制定出每个学院和系的教学计划和教材。1994 年 9 月新生入学时，"三制"就全面实行。新上大在推行"三制"方面确实做到了一步到位。为了满足不同学科的需求，我们编制了非常详细且厚重的教学一览，虽然合并后专业众多，但我们还是按照不同的学科进行了分类和印发，尽管这增加了不小的难度。在招生时，我们就已经向学生明确强调了将采用"三制"教学模式，学生也对此有了一定的心理准备。不过，由于中学阶段并未接触此类概念，因此学生对于"三制"的具体内涵仍存有一定的困惑。从改革的角度来看，四校合并后的上海大学的确如同一张白纸，更便于我们推行新的制度，但思想的转变仍需要一段时间。

在实际操作中，学生们大多能够按照学校的安排进行选课和学习，但"三制"也确实暴露出了学生学习积极性上的差异。对于那些有学习意愿的学生来说，这种制度无疑是非常有利的，他们可以根据自己的兴趣选择众多课程，跨专业进行学习。然而，对于那些学习懒惰的学生来说，他们可能会感到不太适应，这反映了学生在学习积极性上的差异。学分制下，有些学生忙碌于选课和学习，而有些学生则有更多空闲时间，甚至出现了"60分万岁"的心态。关于短学期制的评价褒贬不一。2000年，学校开展"三讲"学习活动，市教卫党委巡视组到学校时，收到了许多关于短学期制的意见，组长刘克听取了多方意见，尤其专门听取了时任市教委主任郑令德同志的看法。郑令德认为，尽管对"三制"有争议，但应支持钱校长独特的教育理念和治校方针。许多教师、干部的不理解源于对钱校长初心的误解和长期计划经济养成的惰性，她主张我们要教育教师干部努力克服这种惰性，继续推进改革，而不是持怀疑态度，更不能反对，相信多年后可见其益处。我后来专门采访了郑令德同志，她重述了当初的原话。在全校中层干部会议上，刘克表达了他对钱校长教育思想的认可，他认为我们应该理解并支持钱校长的理念。此后，学校委托我组织高教所人员对如何完善制度进行调研。叶志明副校长上任后，在"三制"方面也采取了许多新措施来完善这一制度。改革持续了数年，我从一开始就比较认同钱校长的思想。尽管我起初并不能完全理解所有内容，但通过调查研究，我确信这对于有学习意愿的学生是非常有益的。我的许多在上大学习的亲朋好友的子女也客观地表示，对于有学习意愿的学生来说，在上大确实能学到很多东西。钱校长后来提到了学生中存在的"60分万岁"的思想，以及学生会去打听哪位老师要求较松，然后专门选那些容易过关的课程的现象，虽然有些老师会出于善良让学生通过，但也有些老师会严格要求，钱校长对此明确表示，这并不能怪学生，因为60分代表学生已经达到了基本要求，我们应该完善体制以提升学生的积极性，不能仅仅因为学生过了60分就认为他们不行。周哲玮在《人民日报》上发表了一篇文章，讲述了一位法学院的学生如何在上大充分利用选课制，选修其他学院的课程，并有充裕的时间去练习自己喜欢的钢琴。这位学生毕业后竟然被德国的一所艺术大学录取，成了跨专业的优秀人才。这个例子充分证明了钱校长教育理念的正确性。

钱校长的初心是培养全面人才，强调专业重要但非全部，这源自他的个人经历。他原本擅长中文和历史，但后来选择专攻理科以救国。尽管初始物理基础薄弱，但他通过刻苦学习，最终在多伦多大学应用数学系深造，并回国教授力学，成为国家最早的力学教育者。50年代初，他自学俄语以适应国家需求。"文革"期间，他坚持科研，研究坦克车电池和中文编码，发明了钱码。他的名言"我没有专业，国家需要的就是我的专业"彰显了他的爱国情操和对专业知识的独特理解。他认为学科间是相互交叉的，掌握一门学科可以触类旁通学会另一门。他的"三制"要求与他的求学理念紧密相连，从这个角度可以理解他为何坚持"三制"改革。上大一直坚持这一改革，并吸引了全国各地高校来学习。如今，学分制和选课制已在全国高校中实施，短学期制的观念也被广泛接受，尽管各校的具体实施周期可能有所不同。如今，学校内部对"三制"的认同度也在不断提高。

"三制"其实不仅仅是简单的教学制度变革，而是钱校长基于其独特的教育思想和办学理念所精心设计的综合性制度，它的实施牵一发而动全身，推动了全校范围内人事和后勤等多方面的改革。大学的核心是围绕人才培养展开的，当培养模式发生改变时，学校的后勤、保卫以及教学管理等各个环节都必须相应地进行调整。钱校长的这一改革举措引发了一系列连锁反应，特别是学生工作制度的变革。为了适应新的形势，我们采取了社区管理的方式，将学生的日常管理单元从班级转变为社区，因为相较于因自主选课而导致的相对松散的班级单元，社区更能有效地承担起管理职责。针对新生在选课方面的迷茫，学校引入了导师制、导生制，为他们提供必要的指导。新上大成立后，除了推进"211工程"和新校区建设外，更将"三制"作为人才培养和学生工作模式改革的重要抓手。新上大之所以能够在短时间内稳固立足，"三制"的全面推行起到了至关重要的作用。在四校合并之初，我们主要借鉴了工大的模式，并在此基础上按照新上大的发展需求进行了逐步的完善和优化。

学科布局

　　学校的学科布局问题要追溯到很早以前了。钱校长从美国回国后，在清华大学相继担任了多个领导职务，包括校务委员会委员、副教务长、教务长和副校长，并负责教学和研究等多项工作。为了全面了解他的经历，我研读了清华大学校志和相关报纸。1957年，钱校长因提倡将清华办成像加州理工学院那样的学校，以及希望办成综合性大学而受到错误批判。事实上，在新中国成立前，清华大学已是一所高水平的综合性大学，但1952年的院系调整将其变为纯工科院校。钱校长对此持异议，他一直怀有办综合性大学的想法。据当初批判文章所言，他曾提出在清华要设立33个学院，他认为综合性大学才是一流大学的办学之路，如今这一目标在上海大学等学校已经逐步实现，证明了钱校长办综合性大学的理念的远见。

　　1983年，钱校长初到上海时，便积极与上海市的领导进行接触，这在他的回忆中也有所记载。他先后与上海市市长汪道涵、江泽民探讨了学校的发展，特别提出了地方大学应联合起来的观点。他之所以强调联合，是出于更好地为上海服务的办学目标。他认为，地方大学与复旦、交大等重点大学相比，水平上的差距并不仅仅是因为办学历史较短，更主要的是由于学科的单一性。他坚信，只有打破学科壁垒，实现学科的交叉融合，学校才能真正提升水平。因此，他到了上海以后，积极倡导地方大学能联合办学，进而亲自出面，协调工大、科大和上海二医大进行联合办学，虽然最初并未直接提出合并，而是以联合办学的形式进行探讨，但讨论氛围也相当热烈，最终未能如愿，只能说时机未到。

1952年的院系调整大学设置基本上按行业划分，如地质、纺织、石油等大学及机械、化工学院，专业基本上也依据产品设置。尽管当时普遍学习苏联模式，钱校长并未完全否定，但反对过分细化专业和将大学变为单科性。原来的综合性大学如清华，经过长期发展形成的学科交叉和文化积淀被打破，他觉得很遗憾。

但从办大学、搞科学和人才培养的角度来看，钱校长这样的老科学家确实持有自己的见解。然而，在那个时代，大多数知识分子还是积极响应党的号召，对于必要的改革、变革和撤销都予以配合。尽管如此，他们内心的想法并未完全消失。因此，钱校长在当时也受到了严厉的批判，被指责为推崇资本主义、反对苏联即反对社会主义、反对共产党，甚至被说成是要将清华大学变成资本主义的清华。尤其是他提出要将清华办成像加州理工学院那样的学校，这更是引起了轩然大波，因为加州理工学院是美国的学校，怎么能学习美国呢？我并未亲身经历过钱校长当时的遭遇，但根据当时的批判文章，他确实受到了严厉的指责。

改革开放后，钱校长来到上海，再次提出了联合办学的主张。钱校长坚信，地方大学要提高水平，为上海服务，甚至与交大、复旦等一流学校竞争，首先要做的就是打破学科间的壁垒，实现学科间的交叉融合。他认为，通过将不同大学的特色学科联合起来办学，可以实现理科与工科、文科与理科的相互补充、相互促进。因此，他到上海后非常积极地推动这一理念，甚至曾向费孝通先生表达与原上海大学文学院联合办学的想法，以实现他的理工结合、文理相通的办学理念。

有些人误解了钱校长的意图，认为他只是想当"大"学校的校长。但实际上，他从未考虑过个人的地位或权力问题。他想的只是如何把学校办好、把学科建设得更加完善。在工大做校长时，他创办了多个学院，包括跨学科的知识产权学院，当时全国高校中仅有北大有此学院。当时，钱校长敏锐地意识到知识产权和专利问题的重要性，认为它们将对国家的科技发展和国际关系产生深远影响。当时，我们学校有一位名叫陶鑫良的青年教师，在科研处负责专利申请方面的工作，他个人也逐渐成为国内知识产权领域的专家。后来，在钱校长和分管科研的副校长方明伦的支持下，他在校内创办了一个专利事务所，不仅处理校内的专利申请，还对外提供专业服务，并带有一定的研究性质。钱校长对学校这个专利事务所非常关心，并多次与陶鑫良等人探讨成立知识产权学院。钱校长的远见和决心使得我们学校成为全国第二所设立知识产权学院的高校。

由于美国在知识产权问题上与我国持续产生纷争，因此我国国务院定期发布知识产权白皮书，以强调我国对知识产权问题的重视。在白皮书中，特别提到了上海工大、北大成立专业知识产权学院这一重要举措。钱校长从学科发展的角度出发，提出了创建知识产权学院的构想。他始终认为，只要是对国家和上海有利的学科，就应该大力发展。正是在这样的理念指导下，他创建了知识产权学院，知识产权学院的学生是从一、二年级读过工科专业的学生中精心挑选的，然后再去学习法律知识。因为知识产权本身就是一个交叉性学科，与各种专业紧密相关。四校合并后，知识产权学院与法学院合并，成为法学院下属的知识产权学院，对外则保留知识产权学院的名称。

还有一个例子是方明伦副校长在钱校长的支持下，牵头创建的机器人系。上海工大拥有电机系、自动化系、机械系和计算机系等，学校想到了将这些学科结合起来发展机器人技术，尽管当初在国内这方面的技术还是相当低水平的，所以，学校向高教局申报机器人系并邀请市领导参加，市领导对此感到有些惊讶，他们原本认为机器人只是一个产品，而不是一个可以独立成系的学科，但最终他们还是应钱校长的邀请出席了成立仪式。令人欣喜的是，在上海高校中，包括制造行业中，上海工大和上海科大在机器人制造方面走得比较超前，科大的学科带头人就是龚振邦副校长。四校合并后，我们进一步加强了机器人技术的研究。现在，我们在这个领域也取得了显著的成果，如无人艇在这个领域多次获得国家级大奖，这些成就与我们一开始的学科建设是密不可分的。

钱校长对管理学科也给予了极高的重视。当初，上海工大的管理学科的学科水平在上海地区可是名列前茅的，与交大、复旦并驾齐驱。但后来，可能由于领导班子的问题，该学科的发展受到了一定影响。此外，钱校长还亲自召唤清华大学毕业的傅克诚来创立建筑系，将原有的土木工程专业、力学和建筑学整合在一起，形成强大的学科合力。四校合并后，钱校长对学科布局的改革空间更大了，他得以将许多先进的想法付诸实践。从钱校长的布局来看，他并不是单纯地从"211工程"的角度来考虑问题，学校借"211工程"建设之东风，对学科进行了重新布局，而钱校长始终以创办一流的创新性研究型大学的统筹规划学科布局。

我们总是习惯从局部的角度去考虑问题，但钱校长的思维方式却截然不同，他从整体布局出发，一开始就明确提出了要将上海大学办成世界著名大学的宏伟目标，使其能够与那些以城市命名的大学相媲美。他根据上海的发展需求来精心规划学科布局，深知要办成综合性大学，基础学科的实力至关重要。尽管工大原先设有基础部，但这个部门主要负责公共基础课的教学，并没有自己的专业方向。与此同时，原上大的外语专业与理工科并无直接联系，而科大则在物理、数学、化学和生物等基础学科方面有着坚实的基础。因此，钱校长在四校合并后，首要任务就是组建一个强大的理学院。这个理学院可以说是钱校长亲自筹备并管理的，他对此投入了大量的精力，多次亲自前往学院指导工作。在他的积极邀请下，沈学础院士等一批杰出学者加入了理学院。他不仅关心学院的师资队伍建设，还亲自参与了学院的组织架构设计。理学院成立后不久，钱校长又提出了设立强化班的创新举措。强化班是由入学考试中选拔出的一批成绩优异、有潜力的学生组成的。当然，学生也需要自愿报名参加。这些强化班的学生享受到了更多的教育资源和专业选择机会，而事实也证明，这些学生的表现非常出色。

钱校长特别重视交叉学科的发展，影视艺术技术学院的成立也是一个很好的例子。在四校合并后，有些人认为科专没有什么特色专业，但钱校长在考察后发现了一个很有特色的专业——音响设备专业。他认为，尽管我们的科技发展迅速，但在上海也要大力发展文化产业，这样的产业我们急需要既懂艺术又懂技术的人才。我们的文学院有一个电视编导专业，他们可以拍摄和写剧本，但不太了解技术方面的剪辑和制作。钱校长提出，我们可以在这个基础上创建一个将艺术与技术完全融合的学院——影视艺术技术学院。他特别强调，在"影视艺术技术"这个词组中不能加"与"，因为不能将两者分开。搞影视艺术的人也要学习技术课程，搞影视技术的人也要学习艺术课程，他希望能够实现真正的融合。为了实现这个目标，我们与科专的一些专业教师、文学院影视编导的教师以及校外聘请的一批教师，共同组建了影视艺术技术学院。同时，钱校长还聘请了电影艺术家谢晋担任院长。

钱校长一直坚定地认为上大应该保留美术学院。在四校合并初期，有市领导提议将美术学院独立出去，因为上海没有单独的美术学院。钱校长深知上海作为中国现代美术教育的发源地，其美术学院的独特价值不可估量。历经多次起伏的上大美院，在四校合并后终于得以保留，这无疑让钱校长感到十分欣慰。他对美院的关注源于他的科学观、人才观和学术观。他坚信，一所综合性大学不仅要在科学技术上取得成就，更要注重全校学生的艺术修养，这也是他一贯的思想。因此，钱校长将美院视如珍宝，一直努力保住它，不让它离开学校。

四校合并后，上海大学美术学院从凯旋路迁至宝山校区。钱校长盛情邀请了全国所有美术院校的校长来校参加美院大楼启用仪式。在会上，钱校长阐述了上海大学建设和发展美术学院的初衷和办学理念。这番话语深深打动了中国美术学院院长许江，他感慨道："上大美院有钱校长这样的领导，真是你们的福气。"钱校长指出，除了传统的国画、油画、雕塑等美术教育外，现代美术教育的发展也至关重要。而现代美术教育需要与现代技术紧密结合，这正是上海大学美术学院的优势所在。上海大学拥有强大的理工科基础，能够为美术学院提供必要的技术支撑。这种跨学科的合作与交流，不仅有助于美术学院的发展，也对全校的艺术修养教育起到了积极的推动作用。事实上，钱校长的远见卓识已经得到了验证。如今，上海大学美术学院的美术学已经成为 A 级学科，这正是钱校长高瞻远瞩、科学布局的成果。他的学科布局与国家发展紧密相连，具有前瞻性和战略性。

上海大学温哥华电影学院的创立源于时任上海市委书记韩正同志的推动，旨在重振上海电影业的辉煌。学院不仅注重编导和拍摄，还强调后期制作技术，这得益于上海大学强大的理工科和文科基础。通过与加拿大温哥华的合作，学院将培养具备现代电影制作技术的专门人才。这样的办学思路延续了上海大学一贯的办学理念，即将技术与艺术相结合，培养出具有特色的电影人才。这也是上海大学在电影学院办学上区别于其他院校的地方，既不过于偏向演员培养，也不过于偏向纯粹的计算机技术，而是将两者有机结合，发挥学校的综合实力。钱校长一直强调培养具有特色的东西，利用特长办学。

影视艺术技术学院和美术学院都是他这种思路的体现，现在上海大学领导也坚持这个方向。有人问到底是上海美术学院还是上海大学美术学院，对内是后者，对外是前者。上海没有电影学院，只有电影学校和专科，所以有办电影学院的需求，但不能偏离培养复合型人才的方向。上海戏剧学院虽然也搞现代艺术，但缺乏这方面的人才。钱校长倡导交叉学科，这既是上海大学的特色，也符合学科发展和人才需求，这样的学生出去定受欢迎。

除了以上学科布点，钱校长还根据学校的整体布局，积极推动体育学院和音乐学院的建设。钱校长对此早有远见，他在工大时期就成立了艺术指导中心，并邀请了众多上海知名画家、艺术家、戏剧家和剧作家等担任顾问。这些名家不仅在艺术领域有深厚造诣，更热衷于教育事业。他们定期为学生开设讲座，传授艺术知识，提升了学生的艺术素养。钱校长对此非常重视，经常关心讲座的开设情况和学生的参与度。四校合并后，艺术中心得到了进一步的发展，不仅扩大了规模，还提高了教育水平。学校聘请了一批校外艺术名家，如指挥家曹鹏、钢琴家刘诗昆等来指导学生，使得艺术中心的教育质量得到了显著提升。同时，学校还建立了多个艺术团队，为学生提供了更多展示自己才华的平台。对于体育学院的建设，钱校长同样倾注了大量心血。他关心体育教育的发展，并邀请全市高校领导来校研讨大学体育教育的问题。为了推动校园体育活动的开展，他还亲自组织了一场全由大学生组成的业余足球比赛，即后来的"伟长杯"。通过举办这样的活动和比赛，学校不仅提高了学生的体育素质，还为体育学院的建立奠定了坚实的基础。在钱校长的领导下，学校先搞起了体育研究和体育社会科学项目，通过这些项目的实施，逐渐积累了经验和资源。最终，在条件成熟的情况下，学校挂起了体育学院和音乐学院的牌子。

钱校长一直希望建立医学院，最早在上世纪80年代与上海二医大谈过联合办学，但未成功。四校合并后，又与上海市第一人民医院商谈联合建立医学院，并得到宝山区支持，地皮也定下来了。遗憾的是，最终第一人民医院新院址落户松江，导致与上海大学的联合计划落空。同时，原上海铁道医学院也曾有意与工大合并，但因计划经济体制下的部门归属问题而未能实现。这成为钱校长生前学科布局中的一大遗憾。现在，上大已经成功建立了医工结合的医学院，这也算是对钱校长在天之灵的一种安慰。不过，在学校的宣传资料中很少提及这些历史合作，实际上医工结合在上大有着深厚的历史渊源。

钱校长生前一直还有一个愿望，那就是建立研究生院。尽管这与学科布局没有直接相关，但两者也有一定的联系。他在工大任职期间就不断为此努力，但遗憾的是一直未能如愿。我们学校的"三制"确实为发展奠定了基础，并确立了整体的框架。而在学科布局方面，我们并非追求简单的规模扩张和全面性，而是注重内涵建设，根据学校的学科特点来设立学院。当初有人误解钱校长的意图，认为他试图将清华大学打造成西方那种大而全的模式，使"大而全"这个词被赋予了贬义。但实际上，学科的综合发展是大学教育的必然趋势，也是培养综合性人才的必要途径。钱校长在这方面倾注了大量心血，亲自参与了许多重要事务。如今，我们学校的学科布局和框架在很大程度上延续了钱校长的理念。对于未能在他任期内实现的目标，我们现在也在逐步努力实现。我作为一个亲历者，我希望我们能够不忘初心，坚持钱校长当初的正确理念。

曾文彪与口述历史档案采集主持人合影

心系上大，情牵一生

——采访社会文化学者胡申生

> 采访时间：2023 年 9 月 15 日
> 采访地点：上海大学档案馆会议室
> 采 访 人：洪佳惠（主持） 卢志国 李倩倩
> 整 理 人：李倩倩

胡申生

1949 年生于上海，北京人。中共党员。社会文化学者。

1980 年进入上海大学前身之一的复旦大学分校社会学系工作。历任社会学系副系主任、文学院党委副书记、校宣传部副部长、文明办主任、国际工商与管理学院党委书记。是上海市高校思想政治理论课名师工作室——"胡申生工作室"的负责人。现任上海大学马克思主义学院老教授协会会长。曾获上海市宝钢优秀教师奖、上海大学王宽诚优秀教师奖。退休以后，先后被评为上海市教育卫生工作党委系统离退休干部先进个人（2019）、上海市离退休干部先进个人（2020）、上海市教育卫生工作党委系统优秀共产党员（2021），其家庭被推选为上海市 2023 年度"海上最美家庭"。

著有《中华民族的根》《人生的趣味》《上海婚俗》《上海名人家训》《从上海大学（1922—1927）走出来的英雄烈士》《他们从上海大学（1922—1927）走进新中国》《上海大学（1922—1927）全史》《上海大学（1922—1927）编年事辑》《钱伟长家世、家庭、家教和家风》等。主编《社会风俗三百题》《社区词典》等，并在《中国戏剧》《中国京剧》《探索与争鸣》等期刊上发文十余篇，《中国家训家风中的文化传承》一文被《新华文摘》转载。

从 2017 年开始，应上海市非物质文化遗产保护中心邀请，连续担任国家级非物质文化遗产京剧、昆曲项目代表性传承人王玉璞、马科、李蔷华、李炳淑、张善元、陈少云、周雪华、王立军等艺术记录工程项目的学术专员。

青年岁月，与上大相遇

我于1980年被调入复旦大学分校社会学系。在调入之前，由于我经常在报纸上发表文章，已经在社会上产生了一定的影响。当时，复旦大学分校刚刚成立了社会学系，该系的第一任系主任袁缉辉就给我打来了电话，尽管当时我并不认识他，也没有与他有过接触，但他表示希望我能调到复旦大学分校工作。随后，他们还派人到我学习的学校进行政审。经过一系列的程序，最终在1980年10月份，我正式成为复旦大学分校社会学系78届的政治指导员，这也成为我在上海大学工作的开始，虽然当时它还被称为复旦大学分校。

在正式调入复旦大学分校之前，我已经积极参与了多项工作。例如，在上海社会学学会成立之初，党委书记李庆云便已在科学会堂与我进行过深入的交流。此外，我还与华东师范大学的吴铎教授、大百科全书出版社的邓伟志先生（后调入上海大学，现为上海大学终身教授）等人共同参与了多项学术活动和工作任务。

1980年10月，我正式加入了复旦大学分校，担任政治指导员的职务。虽然我当时是以工人编制的身份进入学校，但实际上在学校内部是担任干部职务。后来，我听人事处处长提起，当时决定调我进入复旦大学分校是存在争议的，有人质疑我一个初中生的学历是否能胜任大学的工作。然而李庆云书记力排众议，坚决支持我的调入，尽管他之前并不认识我，但他对我在社会上的学术影响力和工作能力给予了充分的肯定。

那个时候，电视尚未普及，人们主要通过报纸了解信息。所以当我来到复旦大学分校时，虽然有些学生如张仲汝等并不认识我，但也有一些学生如李亚宏等通过我的文章了解到了我。除了担任政治指导员外，我还积极参与了《社会》杂志的创刊工作。在李庆云、袁缉辉、邓伟志（当时他尚未加入我们学校）、华东师范大学的吴铎以及《民主与法制》的郑老师等人的共同商议下，我荣幸地被选为《社会》杂志的第一任编辑。在《社会》杂志的创刊号中，不仅收录了我的文章，也收录了阳翰笙所写的《回忆老上海大学》一文，我是责任编辑。

在担任政治指导员期间，我养成了每天提前到达办公室的习惯，我通常会在早上七点半或七点三刻就到，然后开始拖地板，这个习惯一直保持到现在。在担任政治指导员不久后，我带领的班级连续两次荣获"上海市学雷锋三好集体"的称号。到了1982年，上海市评选优秀指导员时，我被列为候选人之一。在名单上报前，我之前的理论写作组老师、在《文汇报》理论部工作的蔡新春给我打来电话。他作为一名记者，对当时的政治环境非常敏感。他提醒我，由于"四人帮"粉碎不久，清查运动刚刚结束，如果我在这个时候过于张扬，可能会受到不必要的影响。他建议我主动要求撤下自己的候选资格。我深知蔡新春老师的担忧是有道理的，因为当时我们学校确实有一些人与"四人帮"有牵连，于是我向李庆云书记汇报了这个情况并表达了我的担忧。李庆云书记最初并不同意撤下我的候选资格，但经过深思熟虑后，他决定尊重我的意见，并将从武汉大学调来的一位老师作为新的候选人上报。尽管我没有获得这个称号，但我在担任政治指导员期间的工作成绩得到了广泛的认可。后来，我和已故的金冠军一起被公认为复旦大学分校最出色的两位政治指导员。

在1980年，我遇到了另一个重要的机遇。当时我在马路边的电线杆子上看到了黄浦区业余大学的招生广告。虽然最初黄浦区业余大学并没有资格颁发大专学历，但我还是决定去尝试一下。考试科目包括语文和历史，这两门科目都是我的强项，所以我很顺利地通过了考试并被录取到中文系学习。在中文系学习了一年半之后，突然传来了一个好消息：学校可以颁发大专学历了，这对于我来说是一个意外的惊喜。因此，在1983年我毕业的时候，顺利地获得了大专文凭，虽然当时我并不完全清楚这张文凭会对我未来产生怎样的影响。

在上世纪 80 年代，学校开始重视学历，一些没有相应学历的员工要参加补习学习，达到高中或大专文凭。当时复旦大学分校的校址在西江湾路，学校就根据学员要求，让我去教辅导班的语文和历史两门课。我的教学效果得到了大家的认可，他们说胡申生讲得那么清楚，大家都能听懂。就这样，我的名声在复旦大学分校内部迅速传开了。当时，我在社会学系还是行政编制，作为政治指导员，我所带的 78 级学生已经毕业，我主要从事《社会》杂志的编辑工作。社会学系党总支经过讨论，希望我在搞好《社会》杂志编辑的同时，再担任将在当年 9 月入学的社会学系 83 级新生指导员。我当即就愉快地接受了这个任务。想不到找我谈话的党总支书记梁树春又告诉我，经过商量和报批并获准同意，决定将我的编制由行政岗位转为教师岗位，其起因是我在辅导班上课的名声传开了，领导也认为我适合做老师。当时黄浦区业余大学中文系毕业（读了三年半，经过上海市统一出题进行毕业考试）的这张大专文凭起到的一个基础资格作用。这对我来说是个之前想也不敢想的意外惊喜。那时百废待兴，我以一个初中毕业生之身，竟然到大学里担任教师，放到现在简直是天方夜谭，然而在当时就是这样决定了。直到今天，也没人告诉过我，是谁提出调我这样一个只有初中文化程度的、尚为工人编制的人，到复旦大学分校担任首届社会学班级的政治指导员的，这个社会学系可是"文革"后在全国高校中第一个恢复成立的社会学系。说实话，在当时的大环境下，此举倒也并没有在我心中掀起太大的波澜，因为我做任何事都充满热情，干劲十足。对于做教师，上讲台上课，也没有觉得有任何为难之处。在来复旦大学分校之前，我除了写文章以外，在工厂等基层单位作历史、文学等各种讲座已经是常有的事了。

自 1983 年 9 月社会学系 83 级新生入学后，我一方面积极认真、一如既往地做好政治指导员工作（我很喜欢这份工作和政治指导员这个岗位），另一方面便开始了授课生涯。回想起那段经历，现在觉得有些不可思议，但在当时却是再自然不过的事情。1980年我刚到社会学系，除了不分日夜地和学生在一起，投身到政治指导员这一工作中去，办好《社会》杂志以外，其余的时间就是自学社会学。后来，系领导见我带学生有些门道，又提拔我担任社会学系的党总支副书记，负责分管系里的学生工作。当时复旦大学分校的级别是副局级，每个系则是副处级，而系的党总支副书记的级别就是正科级，因此我也顺理成章地成为正科级干部。不过，在人事安排上，我的编制问题却引起了一段小插曲。由于我以前是直接从工厂调入复旦大学分校，在厂里的时候担任厂长秘书（我们厂的行政级别为正处），是当时盛行的"以工代干"，是以工人编制进入学校的，所以在编制上属于工人编制，并不是干部或教师编制。因此，在为我转教师岗位的时候，先要把我的工人编制转为教师编制。这种事人事处没有想到，也没有遇到过，人事处处长免不了要发通"牢骚"，表示没碰到过，但还是根据学校党委的决定，为我办妥了身份改变的一应手续。

进入社会学系任教后，我主要承担了两门课程的教学任务：一是"中国社会思想史"，二是"中国古代社会文选"，教材都是我自己编纂的，这两门课程的内容不仅涵盖了古代，还延伸到了近代。尽管我并未系统学习过思想史，但我的这两门课程却赢得了学生们的广泛好评，成为他们最喜爱的课程之一。

先来讲"中国社会思想史"。要教好这门课程，我认为必须具备两个条件：首先要懂社会学。对于这一点，面对现在社会学系那么多经过专业培养的社会学博士、教授，实在不应夸口，但在上世纪的80年代，大批社会学专业的博士还没有入学或"出科"，放眼全国社会学界，正经学过社会学的，都已垂垂老矣，不在社会学教学第一线，余下的都是从其他专业转过来的"半吊子"。而我自从进入社会学系以后，一直努力地自学社会学知识，无论是通过听课还是自学，都在不断充实自己，这也使得我在社会学领域有了一定的积累。对于学习，我确实有着一定的天赋，比如我在教中国社会思想史和国外社会学理论时,都能大致领略并迅速地变换话语系统,变成自己的语言和文字表达,所以,我还能"混迹"于社会学界。其次,要有一些古代文化、古代汉语、历史、思想史的知识。对这一点,我倒是占得先机,从"文革"到"四人帮"粉碎这段时间,我受过多年的训练和磨炼(不是在学校的课堂上),略备历史和古文功底,也算得上是歪打正着。自忖虽然没有在大学里系统学习过历史,但在当代诸多名师的亲炙下,接受了不亚于硕士、博士研究生的专业训练。我曾经一度到复旦大学跟过著名教授章培恒先生,当时他在课堂上给他的硕士研究生讲《史记》,这些研究生刚入学,在听课的时候面对《史记》有些惘然,我便在私下对他们进行讲解。

"中国社会思想史"本是社会学专业必开的课程,1923年4月,上海大学成立社会学系的时候,瞿秋白任社会学系系主任,就有"中国社会思想史"这门课,由施存统教授讲授。在我们上海大学社会学系,开这门课程的除了我以外,还有祝瑞开教授。在我离开社会学系之后,另有一名女教师开这门课。放眼全国范围内,北大、清华、复旦、南开等知名学府,曾经也开设这门课,还举行过"中国社会思想史"课程的研讨活动,我也曾应邀参加过,现在大多已式微。除了对中国古代思想史本身不重视以外,教师人选难以为继也是一个重要原因,因为要讲好这门课,必须具备我刚刚讲的两方面条件。

我在社会学系还主讲过一门课,就是"中国古代社会文选"。在复旦大学分校建立社会学系之初,课程中就安排了"中国社会思想史""中国古代社会文选",不能不说当时以袁缉辉为代表的一批建系功臣是有眼光和魄力的。联想到现在党中央对中国传统文化的日益重视,更觉得当时社会学系将这两门课列入主要课程的难能可贵。为了上好"中国古代社会文选",我花了许多时间,和陶慕渊老师一起,动手编了《中国古代社会文选》印成教材,连续多年给社会学系大一学生上这门课。直到我离开社会学系,这门课也就停开了。当时,这本教材虽然署名是陶慕渊老师和我两个人，但由于陶老师是学中国文学出身，因此这本教材的编写实际上是由我承担的。这本教材的编选，虽然花了我许多精力和时间，但对于我在古文和历史典籍方面的进一步训练和提高是大有帮助的，这些精力和时间的花去，是值得的。

后来，上海古籍出版社发起编辑出版《中国哲学三百题》，由华东师范大学哲学系丁桢彦、上海大学社会学系祝瑞开、上海师范大学政教系夏乃儒、复旦大学哲学系潘富恩四人组成编委会。在"编写说明"中还特别写明"上海大学社会学系胡申生同志也参加了编委会工作"。当时，我们社会学系的祝瑞开教授负责两汉魏晋南北朝条目的拟定、组稿和审定工作，主编则由夏乃儒教授担任。这本著作字数达67万字，于1988年9月出版，先后三次印刷，总印数达27 000册。由我撰稿的条目包括"人物思想""概念命题""典籍名篇"等近20条，我还帮助祝瑞开教授对他负责的两汉魏晋南北朝部分的来稿进行修改和审定。1993年，上海辞书出版社编辑出版由北京大学教授张岱年任主编的《孔子大辞典》，我也是主要撰稿人而名列书上（2008年，上海辞书出版社又将此书易名为《孔子辞典》重新出版）。在祝瑞开教授的带领下，这些在思想史领域的著述经历，对于我提高"中国社会思想史"课程的授课质量是非常有帮助的。

在上世纪80年代，复旦大学分校虽然是一所新成立的地方高校，但乘着国家改革开放的东风，和我国香港的一些大学如浸会学院（今浸会大学）、树仁学院（今树仁大学）、香港城市大学等都有互访来往。1986年，香港树仁学院向上海大学社会学系（1983年复旦大学分校和其他几个分校合并组建成上海大学）提出请求，希望学校派遣教师为他们社会学系的学生开设"中国社会思想史"的课程。学校经过商量，同意派教师支援香港树仁学院。当时，按照社会学系的实际情况，本应该由祝瑞开教授前往香港到树仁学院开设这门课，毕竟祝教授毕业于西北大学历史系，后来又师从中国著名的中国思想史大家侯外庐先生，是侯先生的研究生，在中国古代思想史的研究方面很有造诣，由祝瑞开教授代表学校到树仁学院讲

"中国社会思想史"是最合适的。然而由于祝老师身体方面的原因，一时无法来承担这一任务，于是学校党委最终决定由我担任此次教学任务。这在当时，虽然是一种无奈的选择，但是敢于让我这位没有学历、自学中国社会思想史的"半吊子"教师远赴香港的大学上课，足见当时的领导还是要有些魄力和眼光的。

1986年9月，我踏上了前往香港树仁学院的旅程，开始为那里的学生讲授"中国社会思想史"。听我这门课程的学生总共有200名，其中有社会学专业的，也有社会工作专业的，分为4个班，每个班50人。我每个星期需要花费四个半天的时间，分别为每个班上三节课。在那段时间里，我深入了解了香港树仁学院的教育理念和办学特色。香港树仁学院的校长是钟期荣先生，她是一位湖南籍的著名律师和教育家，她的丈夫胡鸿烈是香港的一位大律师。这对夫妇深怀爱国之情，坚决抵制港英当局对他们所创办的这所私立大学的收买企图。尽管港英当局提出提供津贴并要求他们按照英国的学制办学，但他们毫不动摇地坚持了中国内地的学制。他们明确表示，一定要坚持到1997年香港回归，要将这所大学完整地交给祖国。这种坚定的爱国立场和民族情怀令我深受感动。如今，香港树仁学院已经更名为树仁大学，并与清华大学保持着密切的合作关系。而胡鸿烈先生也曾经担任过全国政协常委。夫妇俩一直为我们国家和民族的发展贡献着智慧和力量。

在香港树仁学院，钟期荣校长、胡鸿烈校监对我很好，各方面也都很照顾。除了让我按照课程安排上课以外，还多次安排我作讲座。在讲座中，我向学生和老师介绍了中国内地在学术研究方面的情况，介绍了内地的改革开放在经济、政治、文化等领域取得的成就和出现的变化等情况，也回答了学生们提出的各种各样的问题。这些讲座使香港的学生对上海大学、对内地有了新的认识和了解。

在香港树仁学院讲课期间，我参与接待了原上海大学党委书记孟宪勤和教务长翁世荣（曾任文学院院长）的来访。孟书记告诉我，树仁学院钟校长对我在树仁学院的讲课和表现评价很高，说我的课特别受到学生的喜爱和欢迎，这让我倍感荣幸。已经七十多岁的钟期荣校长表达了希望我能留下来，再为他们学院开设一个学期的课的意愿。孟宪勤书记征求我的意见，转述了钟校长的想法，希望我能在下个学期，也就是春节过后再到香港来上课。我因为思家心切而婉言谢绝了。我到香港讲课的时候，我的女儿刚出生两个月，老实说，在香港的日子里，我无时无刻不在思念我的妻子和女儿。当时又没有电话，我和妻子只能通过书信互表思念之情。

在香港树仁学院的时候，除了按时授课和参加学校必要的活动外，我几乎都待在房间里进行写作和看书思考。钟校长都感到奇怪，问我为什么下课后不出去玩玩逛逛，总是待在房间里。其实，我的学生对我很好，他们每周都会轮流安排活动，到深水湾、浅水湾等地搞野营，邀请我一起出去游玩。在香港期间，我与树仁学院的学生、教师和职员，包括几位员工，都结下了深厚的友谊，后来还保持了一个时期的来往和相互问候。

让我特别感动的是，我在香港上课期间，党委书记李庆云在办公室人员陪同下，还专程到寒舍去看望我的妻子，向她表示慰问，提出家庭生活如有困难可以向组织反映。妻子来信告诉了我，使我更加安心在树仁学院上课，并暗暗发誓，一定要不辱使命，尽自己所能，上好每一堂课，为上海大学增光。

到了学期结束，也就是12月下旬，我圆满完成香港树仁学院的讲课任务，回到了上海大学。之后，原来系里的党总支书记离开了，有一个时期，我还主持过系里的工作。为了加强系里的学术力量，我和人事处的同志特地前往北京中国社会科学院，拜访当时正在费孝通门下攻读社会学博士学位的沈关宝老师，希望他学成回来担任社会学系系主任。沈关宝原是复旦大学老师，复旦大学分校社会学系一建立就来到学校，也是社会学系创系的教师之一。后来，沈关宝老师获得社会学博士学位以后便回到上海大学并接任了系主任的职务。

与此同时，上海大学文学院历史系系主任唐培吉教授，当时正在担任上海大学文学院新成立的中国文化研究所所长一职。同济大学筹建人文学院，邀请他担任人文学院院长。学校没有同意，说他走了，中国文化研究所没人主持。唐老师就来找我，和我商量，问我能不能到中国文化研究所去工作，这样，他就能脱身到同济大学去了。唐培吉是上海著名的党史专家，我和他早就相识，而且关系一直很好。当他询问我是否愿意到文化研究所抵挡一阵，让他脱身到同济大学的时候，我立即同意了。为什么说我只能算抵挡一阵呢，因为按照编制，中国文化研究所相当于一个系，所长的级别是副处级，而我当时也只是个正科级，加上学历不高，只是个讲师，临时主持工作则是可以的，让文学院可以腾出时间来另外考虑担任所长的合适人选。我之所以答应得那么爽快，还有一个重要原因：随着时间的推移，社会学的硕士、博士一年比一年多，我自己又不是正经学这个专业出身的，并且思想史专家祝瑞开教授也离开社会学到了中国文化研究所，而我的专长和兴趣也在中国传统文化的研究上，于是就出于朋友义气，主动提出调离社会学系，调到了中国文化研究所担任副所长，并主持了一段时间的工作。直到学院将中文系教授姚汉荣调来担任所长，我才得以以副所长身份从事中国文化的研究工作。

在我担任文学院中国文化研究所副所长的两年左右的时间里，虽然名义上是赋闲，但实际上仍然与社会学系保持着紧密的联系，并参与了许多系里的事务。同时，李向平等优秀学者也加入了我们研究所，为研究所的发展注入了新的活力。

1989年9月，上海大学文学院迎来了第三任党委书记——吴圣苓。吴圣苓原是复旦大学的宣传部部长，市委将他调任上海大学文学院党委书记后，升为副局级干部。同时，市政府又任命华东师范大学的刘德重教授，出任文学院院长一职。这样，吴圣苓就和刘德重组成了上海大学文学院新的党政领导班子。新领导班子到任后，通过座谈会了解并评估了学校各部门的工作及人员情况。经过推荐和讨论，他们认为我具备一定的能力和潜力，赋闲在中国文化研究所不合适，就决定任命我为上海大学文学院宣传部部长兼学生处处长，职级提为副处级，希望我能充分发挥自己的才能，为学院的发展贡献更大的力量。在此之前，中国文化研究所已从西江湾路迁至三门路，那段在西江湾路的日子，给了我们极大的自由和空间。而现在，新的领导班子找到了我，并为我确定了新的职责和角色，我即将开始一段新的工作旅程。吴圣苓书记非常理解和尊重我的学术追求，他特别提出，由于我是业务干部，每周三可以不用来学校，留在家中专心从事学术研究。这种人性化的安排让我倍感温暖，也激励我更加努力地工作。从1989年9月到1995年10月，我一直担任文学院党委宣传部部长兼学生处处长一职。其间我亲身经历了1994年新合并的上海大学的诞生和建设。

在担任文学院宣传部部长期间，我不得不提及当时社会学系所遭遇的困境。由于沈关宝无法继续担任系主任，社会学系一度陷入混乱。这种混乱的局面引起了社会学系老同志们的关注，其中包括社会学系创始人袁缉辉等老领导。他们对此表示了强烈的担忧，认为这样下去会毁掉全国第一个建立的社会学系。于是，他们向学院吴圣苓、刘德重两位主要领导建言，提出让我回到社会学系再次主持系里的工作。为此袁缉辉还几次找我谈话，希望我顾全大局，回到社会学系去。领导通过座谈会和个别访谈，了解了社会学系的情况，也对我进行了新的考察，最后作出决定，将我调回社会学系。由于我受学历和职称所限，便任命我为社会学系常务副主任主持工作，副主任为仇立平、张钟汝两位教授。作为行政班子，我和仇立平、张钟汝一起，一心一意地为大家服务，不争自己的利益得失，使社会学系很快恢复了稳定，无论在教学、科研还是其他各项工作中，都走在学院的前列。在工作中，我充分发挥了自己的管理能力和善于人际沟通的长处，努力使社会学系重回正轨。我积极引进人才，其中包括我们社会学系最早引进的两位博士章有德和耿敬，他们的加入为系里注入了新的活力。尽管我自己没什么学历，但我非常赞成专业的事要有专业人士来干，非常赞成引进高学历的社会学专业人才。在我和同事们的共同努力下，社会学系逐渐恢复了往日的繁荣。从1995

年到 1999 年，我一直担任常务副主任的职务，系主任的职务由吴圣苓兼任，他是副教授、党委书记，同时也是副局级干部。在他的支持和帮助下，我们共同推动了社会学系的发展。

在这期间，发生了一件重要的事情，就是我在《百年上大，三代情缘》一文中曾提到的，我请邓伟志教授加盟上海大学。邓伟志是著名学者，从 1975 年我就和他相识来往，是亦师亦友的关系。他当时担任全国政协常委，又是民进中央副主席，民进上海市委还为他配备了专车。有一次，我们请他到系里开会，在回家的路上，我一本正经地向他指出，现在的社会学系虽然是吴圣苓担任系主任，但他毕竟是学新闻学的，而且又担任着文学院的党委书记，工作非常繁忙，无暇顾及系里的工作。另外，上海大学社会学系作为全国第一个恢复建立的社会学系，虽然拥有一支不错的教师队伍，但还是缺少在全国社会学界叫得响的人物。我就向邓伟志提出，请他到上海大学社会学系来坐镇。邓伟志当即表示非常愿意。实际上，从复旦大学分校筹建社会学系一开始，邓伟志就参与了，还担任"家庭社会学"这门课的主讲教师，社会学系的一些年轻教师很多都是他的学生。当时邓伟志在上海大百科全书出版社工作，复旦分校曾由校长王中出面，调他到复旦大学分校任教，被出版社领导婉拒。他也曾告诉我过，他的父亲邓果白，是上世纪 20 年代入党的老党员，当年就是在上海大学社会学系求学的，因此，无论从历史还是现实，无论是从家庭还是个人学术、专业的发展角度，他都愿意到上海大学社会学系来工作。他当即向我表示，他到上海大学来，不需任何条件，随时可以办商调手续，并让我第二天就可以和学校领导汇报。于是，第二天我就向学校党委汇报了邓伟志愿意来上海大学工作这件事。起初，学校领导对此表示怀疑。因为当时被引进的人才通常都会提出一些条件，比如房子、票子、位子等，有的甚至还会涉及孩子的问题，但邓伟志什么条件也没有提。邓伟志当时已经是全国知名的学者、文化大家，他的加入无疑会给上海大学社会学系带来巨大的影响力和推动力。

当时，学校党委书记、常务副校长方明伦对我还不太熟悉，学校办公室的人告诉我，由于我经常在电视上露面，方校长还曾特地到文学院来了解过我。现在得知邓伟志愿意到上海大学来工作的信息以后，方校长便亲自到文学院来找到我，了解这件事。学校领导原本对此持怀疑态度，认为邓伟志肯定会提出各种条件。但以我对邓伟志的了解，我坚信他不会提任何条件，并向方校长认真地讲了这一点，并极力主张学校应该立即将他调过来，让他来担任社会学系的系主任。后来，常务副校长杨德广，亲自去邓伟志家里拜访，代表学校党委常委热烈欢迎邓伟志到上海大学工作。很快，邓伟志到上海大学工作的商调手续顺利办妥了。邓伟志的到来，再加上我们又先后调来一批社会学专业的博士，使得上海大学的社会学系更加强大。在相当一段时间内，社会学系的行政班子由邓伟志担任系主任，我担任系常务副主任主持工作，仇立平、张钟汝担任系副主任，这样的组合也成为建系以来比较稳定和理想的行政班子之一。

　　之后，我们一直努力申报社会学博士点并最终成功获得了批准。当时，我正在校部开会，接到华东师范大学的一位教授从评审现场打来的电话，说我们学校的社会学博士点刚刚获得通过。这位教授是邓伟志的好朋友并参与了现场的评审。此前，我们曾把他请到系里，他对社会学系的发展提出了许多重要意见，做了很多指导工作，这次又担任了评委。申报社会学博士点，在当时是一件多么"高大上"的事啊，我这样一个啥也不是的"半吊子"，竟在系里主持博士点的申报工作，自己都自惭形秽。同时，我也知道学校的相关部处长中某些大博士、大教授对此也啧有烦言，社会学系虽由邓伟志坐镇，怎么主持工作的却是我这样一个没学历没高级职称的人。他们并不了解从复旦大学分校到文学院这个发展过程的轨迹、历史和特殊性，对社会学系的行政班子组成存在疑虑惊诧是完全可以理解的。

　　社会学系的博士点批下来以后，学校开始对我进行考察。后来我才得知，文学院党委书记吴圣苓和院长刘德重曾不止一次地向校党委推荐我，认为以我的能力值得重用。另外，我也深知，按照当时社会学系的发展势头，像我这样一个人，也确实不适合再混迹于系里并抛头露面了。

从始至终，与上大共进

1994年5月27日，新合并的上海大学正式挂牌。当时文学院还在三门路校舍。一个星期五下午，我已经坐上了下班回家的校车，突然接到学院办公室电话，说下周新上海大学的领导要到文学院来调研，院党委决定要拍一个反映文学院建设和发展的电视片，要我赶写一个电视片脚本。我在校车上一听就懵了、急了，时间那么紧迫，如何能完成？但我也知道，这是一项重要的任务，更何况这是新上海大学领导第一次到文学院调研，必须让他们了解文学院发展的成就和各方面的实际情况，这个任务必须按时完成。于是，我回到家后立刻开始赶写电视片脚本。好在我是文学院老人，对文学院情况熟悉，用了一个通宵，将脚本写出来。第二天早上，赶到学校将本子交到院办。负责拍片的是文学院电教的元老，也是我的好朋友鄂冀生，我们以前有过多次合作，彼此都很默契。再加上我们对原有素材的积累都很熟悉，很快就将片子的补拍、剪辑、配音等完成。新上海大学的领导到文学院调研后，对文学院的工作作了高度肯定，也对电视片表示满意，并着意打听这个电视片的脚本是谁写的。我也因此在新上海大学领导那里"挂了号"。不久，经过考察，我被任命为文学院党委副书记，分管学院的学生工作。

应该说，这个时候社会学又迎来了一个重要的转折点。社会学是在1978、1979年恢复的，1980年正式成立。虽然我们起点较高，但中间也经历了一段低潮期。在最初的时候，我们上海大学的社会学系是重点学科。虽然就学校而言，招生都是在第二批次，但社会学却是和第一批次同步的。虽然当时学校的总体条件还相对较差，但社会学系一直是优秀的，后来也一直是重点学科。在邓伟志担任系主任的时期，我们社会学系又迎来了一个新的高潮。等到李友梅从法国学成回来后，我们的学科发展更是达到了一个更高的水平。

随着国家对学历的要求越来越高，我开始考虑自己必须对自己的今后发展、对去向作出抉择。当时学校里大批引进博士，各个学科带头人都是由博士、教授领衔的，连各个处室的领导都拥有博士学位，这无疑为学校的大踏步进步和发展奠定了人才基础。而像我这样没有什么学历的处境则有些尴尬。更何况由于当时在电视节目中时常露面，在学校里有些知名度，这让我更加觉得自己不适合留在高等学校这个环境里，于是我正式向学校提出调出学校的请求。我认为自己不适合在高校工作，因为学历太低，如果只是做后勤工作倒也无所谓，但现实是我经常需要抛头露面，这让我倍感压力。

当我向学校提出申请并写好请调申请书后，学校党委常委却坚决不同意放行。学校派了杨慧如和周鸿刚两位校党委副书记一起找我谈话。他们很严肃地告诉我，经过党委常委的认真讨论，学校坚决不同意放我走，并询问我有什么要求。我真诚地说我没有什么要求，我热爱上海大学，想离开上海大学就是觉得自己在学校会影响学校整个师资队伍的学历结构，会对不住学校，想想我一个初中毕业、业余大学的学历，在快速发展的上海大学主流中显得格格不入。当时我只是一个讲师，又不懂外语，为了我的职称问题，很多人都在为我操心、为我说话。但我告诉他们不要再为我争取了，因为我的学历和外语水平都不行。尽管如此，学校仍然坚决不放我走，这让我感受到了重视和挽留之意。

在2001年1月至2002年6月期间，学校进行了本科教学评估。我当时正担任文学院党委副书记，为副处级干部。学校党委决定任命我为学校本科教学评估办公室副主任，并提为正处级的干部。这样，我便全身心地投入到本科教学评估办公室的工作中。可以说，我为了这份工作付出了巨大的努力。在评估办，我主要负责评估报告和简报的撰写工作。在撰写评估报告的过程中，我经历了多次的推翻和重写，从第一稿到第五稿，不断地吸收各方面的意见进行修改。为了完善报告，我们经常跟随校领导开会讨论到半夜。在这个过程中，学校党委对我的工作给予了高度评价。他们说，胡申生这个人真不错，对他写的评估报告无论提什么意见，他都能虚心接受并笑着改进。在本科教学评估工作开展过程中，我又为学校写了电视片的脚本，并请了我的学生、上海电视台一级播音员印海蓉来配音。这次电视片播放的时候，我在现场，电视片播放完以后，全体评估专家站起来鼓掌。我知道，这首先是为学校各方面工作鼓掌，但由我撰写的电视片的脚本也同样得到专家的肯定。

在本科教学评估尚未结束之际，我又调任党委宣传部副部长兼文明办主任，同时，还要继续做好评估办的工作。这一时期，学校党委为我的职称问题颇感头疼。他们建议我去参加外语考试，以符合职称晋升的要求。我坚决拒绝了这一提议，我坦言自己对外语一窍不通，与其坐在那里装模作样地考试，我宁愿放弃学历和职称。当时，我在社会上的名声实际上已经超越了我的职称。学校也感到左右为难，他们不忍心强迫我去考试，但又无法直接晋升我的职称。经过多次沟通，学校最终做出了一个前所未有的决定：免除我的外语考试要求，直接准备晋升副教授的材料。我按照要求准备了相关材料，并在评审中获得了优异的评价。评审专家们对我的作品和成就给予了比较好的评价，最终通过公示，使我这个长期以低学历"混"在高校的人得以晋升为副教授。

尽管后来我没有再申请晋升教授职称，但这次经历让我深刻体会到了学校对我的关爱和包容。我知道，如果有人举报我，学校将不得不面对解释和处理的难题。幸运的是，我的人品和成绩在学校里得到了广泛的认可和同情，没有人忍心举报我。回想起来，我认为自己在处理人际关系和化解矛盾方面还是做得比较好的。在上海大学这么多年，我总是保持低调、谦逊的态度，与人为善，在任何情况下，都坚持自己的原则和价值观，努力做好本职工作。这种做法让我赢得了很多人的尊重和信任，也让我在工作中取得了一定的成绩。

对于上海大学的发展历程和以方明伦校长为代表的领导才能，我也有着自己的看法。我认为1994年的四校合并对上海大学的发展是一次难得的、重要的历史机遇，这次合并使新上海大学横空出世，让学校得以加速度地发展壮大。党委书记方明伦作为一位能力强的校领导，在纷繁复杂的情况下把控了全局，为学校的发展作出了贡献。他的领导才能和执行力确实非常出色，值得我们学习。在我担任国际工商管理学院党委书记期间，有一件事的处理给我留下深刻印象。有一次，一位讲师因为在晋升副教授问题上遇挫而准备上访，方校长得知情况后，指示我必须当晚做好这位教师的思想工作，并对这项工作有明确的指示和安排。当天晚上，我就按照方校长的指示和安排，赶到这位教师家中进行安抚和沟通，最终这位教师接受了我的沟通和建议，放弃了上访的念头。第二年，他的职称晋升也顺利得到解决。后来在我的一次讲座中，这位教师也来到现场。讲座完了以后他特地走上讲台见我，还回忆起这段经历，对我当时的一次突击家访记忆犹新，对我当时妥善处理危机表示由衷的感谢。那时，我们俩都退休很多年了。其实我心里明白，这次确实是一个危机，但是如果没有方明伦校长的魄力和运筹帷幄，不可能得到如此顺利的解决，也不可能使这位教师多年来铭记在心。上海大学在其快速发展过程中，就我经历过的、了解的，校领导遇到的、解决的难题、危机，绝不是一件两件，但都能有惊无险地妥善处理。方校长曾经说过，要以改革的态度和精神解决改革中出现的问题，善哉此言。霹雳手段、菩萨心肠、宽猛相济、张弛得法，确实是了不起的领导方法和领导艺术。

后来，我从校党委宣传部副部长、文明办主任任上，又被调至当时设立在嘉定校区的国际工商管理学院担任党委书记。当时，学院里的教师之间存在着比较激烈的矛盾。我到任之后，通过一系列的努力和沟通，使这些矛盾逐渐得到了缓解。这样的经历让我更加深刻地体会到了沟通和理解在化解矛盾中的重要性。我与争论的双方，甚至包括反对意见最激烈的人都保持了良好的关系，他们给了我很大的面子，在我到任之后，他们开始顾及我的感受。当他们来找我时，我不会轻易发言表态，这种方式让他们意识到问题的复杂性和敏感性，于是他们往往会知趣地离开。处理这些问题并不容易，但我始终保持着冷静和客观的态度，既不用严厉的话语去指责他们，也不去欺骗他们。那段时间，我的工作压力很大，甚至导致我患上了高血压，从那时起，我就一直需要服用药物来控制病情。尽管我是一个性格开朗的人，但在那段时间里，我中午都不敢在办公室待太久，因为一回到办公室就会有人来找我，所以我经常会选择到街上散步，以此来放松自己的心情。

在我担任党委书记期间，经历了一件重要的事情，那就是大学生的思想政治教育改革。当时殷一璀担任市委副书记，她提出了一个创新的想法，希望邀请一位非马列主义专业的教师来教授大学生的思想政治理论课。当任上海大学党委副书记的忻平教授找到了我，建议我挑起这个担子，到课堂上为大学生开设思想政治理论课，我欣然接受。我的思政课程深受学生的欢迎。市委副书记殷一璀、国家教委副主任李卫红以及当时担任市教委主任、现任湖南省委书记的沈晓明等领导都亲自来听我的课，并给予了高度的评价。也就在这一时期，上海市高校大学生思想政治理论课名师工作室——胡申生工作室成立了，在学校召开的一次大会上，国家教育部的相关领导出席了会议，还为"胡申生工作室"揭牌。上海大学马克思主义学院先后有李梁、我和顾晓英三位教师荣膺以个人命名的工作室。

在我年届60岁时，便不再担任国际工商与管理学院党委书记的职务。由于胡申生工作室的存在，学校并未安排我退休。因此，我回到了马克思主义学院，继续为学生们上思想政治理论课，直到65岁时正式办理退休手续。在马克思主义学院期间，我差不多每个学期都要为学生讲授思想政治理论课，也有幸成为最早在高校开设习近平新时代中国特色社会主义思想课程的教师之一。

在退休后，我致力于上海大学（1922—1927）校史的研究和编撰工作。2014年，在新合并的上海大学成立20周年之际，为了更好地了解、宣传和继承1922年成立的上海大学的历史、传统和精神，学校组织专家、教授在原来已有的资料和研究成果的基础上，更广泛、深入地收集资料，编辑出版了总计180余万字的《20世纪20年代的上海大学》；同年，又建成"溯园"作为上海大学博物馆室外展示区，展示老上海大学的红色校史，并先后成为宝山区和上海市爱国主义教育基地。对以上这两项工程，我都是主要成员，积极参与。在编撰《20世纪20年代的上海大学》的过程中，为了核实相关史料，我和内子自费赴我国的宝岛台湾，到国民党党史馆等处寻找、核查关于上海大学的档案材料，并编进了《20世纪20年代的上海大学》一书中；在"溯园"的建设过程中，由我和宣传部的谢瑾担任文字的撰写工作。

2022年，是20世纪20年代的上海大学成立100年，为了纪念这所红色学府的诞生，从2018年开始，我又投身于对上海大学史料的发掘和研究，先后编著有《从上海大学（1922—1927）走出来的英雄烈士》（2020）、《他们从上海大学（1922—1927）走进新中国》（2021）、《上海大学（1922—1927）研究文选》（2021）、《上海大学（1922—1927）师生诗文书信选》（2021）、《上海大学（1922—1927）师生回忆录》（2021）、《上海大学（1922—1927）演讲集》（2021）、《上海大学（1922—1927）教材》（2021）、《上海大学（1922—1927）全史》（2022）、《上海大学（1922—1927）编年事辑》（2022）等书籍。

钱伟长是1994年新合并的上海大学第一任校长，为了纪念钱伟长这位对上海大学发展厥功至伟的教育家，今年（2023年）我又编撰出版了《钱伟长的家世、家庭、家教和家风》一书。这对于我们了解钱伟长的家教和家风，激励上海大学莘莘学子更好地为国家强盛而发奋学习，成为一个钱伟长校长一直期许的"全面发展的人"，是有一定启迪和帮助的。

上海大学建设：是一种融合，而非一种堆砌

谈及1983年的上海大学，我们不得不回溯到1978年的那段历史背景。当时，我国掀起了一股兴办分校的热潮。1977年国家恢复高考，到1978年问题逐渐浮现：首届录取的学生数量庞大，而学校资源却远远无法满足需求。在当时的上海市委书记林乎加的关注下，这一问题得到了重

视。林乎加是一位知识分子，解放前曾从事学生运动，并担任党的领导人。他敏锐地察觉到，除了1977年入学的学生外，1978年的新生也面临着无法进入大学的困境。于是，他向中央提出了建议，主张挖掘潜力，建立更多的分校以缓解压力。天津率先响应这一号召，随后全国各地也纷纷建立起分校，上海自然也不例外。我们说的上海大学的几个学院实际上就是以这些在1978年成立的分校为前身的，比如复旦大学分校，后来发展成为我们的文学院。在成立之初，高教局和复旦大学对分校投入了大量精力。党委书记李庆云时任复旦大学的组织部部长是一位资深革命家，而新闻系主任王中则是我们的新闻界前辈，他们共同参与了分校的创建工作。分校的校址选择也颇费周折，当时华东政法大学尚未恢复，复旦分校就暂时借用其校址半年之久。在筹备过程中，尽管条件艰苦、校舍尚未完工，学校仍然坚持在春季招收了78级的学生。此后，分校迁至西江湾路，这里成为复旦大学分校一个较为固定的校址，原本是西江湾中学所在地。当时学校的老师除了从复旦大学调配过来的一批文科教师和管理人员外，其他人员均从社会上招募而来。这些社会招募人员主要分为两类：一类是已经具备大学学历的，主要是复旦大学的毕业生；另一类则是学历较低或从其他行业转行的行政人员。

  分校的建立无疑对当时的高等教育起到了积极的推动作用。但随着时间的推移，一些问题也逐渐暴露出来。其中最为突出的问题就是学校规模较小、场地有限，这成为制约分校进一步发展的障碍。在这样的背景下，市委作出了一个重要决策：将分散在不同地点的分校合并起来，组建一所新的大学——上海大学（这个决策无疑具有远见卓识，应该找出起这个名字的人并为其记功）。在校名字体选择上，经过讨论和研究，决定采用鲁迅的字体来书写"上海大学"四个字以及各个学院的名称，这是因为鲁迅在文科领域有着重要地位，鲁迅的文学创作是复旦大学分校乃至之后上海大学文学院的研究重点。

  1983年5月10日，国务院批准成立上海大学。当时，复旦大学分校党委书记、上海大学筹备小组负责人之一李庆云把我找去，要我只身到北京，邀请上世纪20年代曾在上海大学任教和读书的俞平伯、周建人、杨尚昆等为上海大学的复校题词。尽管我对这项任务感到有些为难，但出于对学校的热爱和责任感，决定接受挑战。通过上海历史研究所副所长、研究院汤志钧老师和中国人民大学教授冯其庸、北京师范大学教授顾明远等人的联系和介绍，我先后登门拜访了俞平伯和周建人；又通过中央戏剧学院办公室联系杨尚昆、李伯钊夫妇，请他们为新成立的上海大学题词。我到俞平伯家中，见到了俞平伯这位我敬仰已久的前辈，当我看到他为学校的题词时，内心的激动难以言表。周建人先生是鲁迅的弟弟，是当年瞿秋白力邀到上海大学社会学系来讲生物哲学的，当时担任全国人大常委会副委员长。当代教育家、北师大教授顾明远是周建人先生的女婿，在他的帮助下，我也顺利地拜访了周建人，并请他提了词。杨尚昆的题词则是到1985年才收到的。这次北京之行对我来说是一次难忘的经历。我住在北京师范大学的地下室招待所，条件简陋艰苦，但我却深感荣幸能够为上海大学的发展贡献自己的一份力量。我带回了这些知名人士的题词，它们成为上海大学宝贵的精神财富。

另外，我还有一次"题词"的经历。2006年，是上海大学出版社成立十周年，我受出版社委托，又只身前往北京，邀请文化出版界名人为上海大学出版社题词。当时正值全国政协在北京开会，邓伟志先生也在会场。我就住在友谊宾馆，请邓伟志出面邀请正在出席会议的当代文化名人为上海大学出版社题词，其中有著名作家王蒙、中国人民大学新闻学院院长赵启正、著名经济学家于光远、中国出版工作者协会会长于友先、国务院发展研究中心研究员吴敬琏、中国文联副主席高占祥等，他们的题词充分肯定了上海大学出版社成立十年来取得的丰硕成果，他们都对上海大学出版社十年的华诞表达了美好祝愿。

1983年，上海美术学院也被并入上海大学，这为上海大学注入了新的活力。上海美术学院不属于原先新成立的分校，它早在1959年就成立了。

1983年成立上海大学，将上海美术学院并入，对于这一点，我深深敬佩当时决策者的远见卓识。他们不仅将学校定名为上海大学，还明智地让上海美术学院并入上海大学。现在的上海大学，有全国第一流的美术学院、电影学院，不得不说早在1983年的时候，前辈领导就打下了一个良好的基础。

当时的上海大学有一个显著的特点，就是校园分散，遍布上海各地。我们文学院的最初校址位于西江湾路，后来迁至三门路。而原来在三门路的市委党校则迁到了虹漕南路现址。商学院有两所，一所位于徐家汇教堂附近，另一所在新闸路上。美术学院则坐落在凯旋路。此外，还有其他分校如轻工分校等。这些分校虽然规模较小，但设施齐全，而且每个分校都是副局级单位，这样，处级干部和局级干部的数量也不少。上海大学成立后，其总部最初设立在凯旋路美术学院，后来，又迁至新闸路，也就是如今的上海大学新闸路校区。这一系列的变迁见证了上海大学的发展历程和不断壮大的过程。

在我看来，尽管当时学校的整体水平有待提高，但在六个分校中，有三个地方表现尤为出色。第一，上海大学文学院（原复旦大学分校）在应用学科的发展上独具特色。时任上海市委书记江泽民在上海大学五周年校庆上的题词，就强调了发展应用学科的重要性。复旦大学的一批专家的加入以及相关专业如社会学、秘书学、电视学、图书馆学和情报学的建立，都使我们在这些领域处于领先地位。第二，美术学院不仅在上海，甚至在全国都有一定的影响。当然，关于美术学院的历史地位还需进一步厘清，有一段时间与另一所美术学院存在混淆。第三，后来的国际工商管理学院也展现了较高的水平。从1983年成立的上海大学，也就是第一次合并的上海大学来看，虽然整体上水平仍有不足，个别专业和学院的发展也并未达到最佳状态，但它们对上海的高等教育的发展确实作出了贡献。可以肯定的是，从1983年到1994年的11年间，上海大学在文科建设方面取得了一定的成绩。我们的社会学系、历史系、中文系的发展都受到上海市高教局和上海市教委的认可和重视。

1983年成立的上海大学当时还有一项重要的贡献，那就是创办了第一本社会学专业杂志——《社会》。这真的需要领导有魄力和眼光，就像钱伟长创办出版社一样，机会稍纵即逝。《社会》杂志还是公开发行的，这就是领导的魄力，虽然"多一事不如少一事"，但学校领导还是选择了多做一点事。现在，《社会》杂志已经成了国家级的刊物，和中国社会科学院主办的《中国社会科学》、中国社会科学院社会学研究所主办的《社会学》并列为社会学领域最顶尖的杂志。除此之外，学校还创办了《秘书》杂志，一直发行至今。

　　说到李庆云这个人，他确实很有能力，做事不拘一格，对沈关宝、李友梅的培养也是不拘一格。他鼓励他们放弃一切，专心学外语，甚至可以不用来上班。后来，沈关宝成了费孝通的第一个博士生。当李友梅提出申请参加南开大学举办的社会学讲习班时，李庆云全力支持她，让她暂时放下人事处的工作，专心到天津学习。虽然李友梅不是费孝通的博士生，但她跟随费孝通到处调查研究，后来又去了法国深造。李友梅的毅力确实非比寻常，她在法国读硕士、博士期间非常辛苦，几乎不逛街，全身心投入学习。虽然她有法语基础，但社会学对她来说是一个全新的领域，而且法国的社会学水平非常高。李友梅硬是凭着坚忍不拔的毅力学成回国，开创了上海大学社会学的一个新的时代。

　　正因为有李庆云这样的领导，有魄力，敢于打破常规，不拘一格地培养人才，才能保证像沈关宝、李友梅这样的人才脱颖而出。当然，对于沈关宝、李友梅来说，他们的成功也离不开我们这些人在后方的支持。他们到北京、到法国去学习，一去经年，系里的工作、杂事还是要由我们去做、去维持。在这一方面，我、仇立平、张钟汝等人，应该说也有很好的大局意识。为了确保他们能够安心学习，没有后顾之忧，我们和全系的老师员工，团结在一起，保证系里工作的正常进行。前面说到，由于李庆云在当时采取的是非常规的培养手段和方式，老师员工们为了社会学系明天的发展，都认同并接受了这种方式，没人在背后搞小动作，这也成为上海大学社会学系乃至今天的社会学院的一个很好的系风、院风。作为上海大学社会学系发展的亲历者、见证者，我认为从复旦大学分校到后来的上海大学，能够用这样非常规的方式来培养人才是非常了不起的。

1983年，学校在多个方面取得了显著成就，但同时也存在一些明显的不足。办学条件、师资队伍以及发展空间都亟待提升。当时，我们没有独立评审教授的资格，只能评审讲师，这严重制约了学校的发展。因为无法设立硕士点，所以从1983年到1994年，我们一直处于内部循环的状态。

到了1994年四校合并的时候，我在文学院担任宣传部部长，能够听到各方面的声音。实事求是地说，有些人确实满足于现状，没有预见到未来的发展潜力。应该说，在新一轮合并这个问题上，钱校长当时的眼光是超前的，他看到了合并的必要性，并且坚定地推动了这一进程。钱校长的决策是基于对学校未来发展的深思熟虑，他坚定地要建立一所综合性大学。钱校长高明地启用了"上海大学"这块牌子，他深知这个名称的影响力远超过其他。在四校合并后，方校长曾到文学院进行调研，我作为中层干部也参加了会议。他一方面阐述了合并的益处，另一方面也谈到了合并后可能存在的问题。在谈到问题时，他的措辞非常谨慎。我作为旁观者，内心却非常平静，因为我坚信合并是学校发展的必经之路。在合并初期，我们并未预见到上海大学能达到今天的成就，因此对于我们这些原上海大学的人来说，难免会有一种失落感。在当时的宣传部部长例会上，我选择了沉默，我知道，这是从原上海大学到新上海大学过渡的必经阶段。

可以说，如果没有1994年的四校合并，上海大学无法达到今天的成就。作为一个见证人，我深感在合并初期，虽然存在着各种议论和不同的看法，但总体来看，无论是1983年还是1994年，合并都是成功的。对于复旦大学分校来说，它在学术水平上已经初露锋芒，而有的学校则因为前途渺茫而面临解散的命运。合并实际上拯救了这些学校，为它们注入了新的生命力。进一步来说，如果没有1994年的合并，我们就不可能看到像今天这样蓬勃发展的上海大学。单科性的大学即使办得再出色，也只能在某个领域有所建树，而不是能傲然自立于大学之林的综合性大学。上海大学经过合并成为一所综合性大学，使学校的发展更加全面和多元化，使打破学科和专业这堵墙成为现实。当然，我自己觉得，在医科的选择上，上海大学起步还是慢了半拍。现在的苏州大学、郑州大学，同样是地方高校，在发展势头上一直和我们处于竞争的位置，其中一个重要原因就是他们早早地设置了医科。

尽管四校合并时候，学校也经历了一些起落，但作为上大人，我们应该齐心协力，共同推动学校的发展。在这里，我想谈一下中国文化中的一个重要概念——宗法。宗法制度强调血缘关系，有嫡庶之分，即区分嫡系和非嫡系。在上海大学的发展历程中，我们也可以看到类似的现象。原上海大学的成员在某些方面可能被视为"非嫡系"，我认为这并不能简单地被视为缺点，而是一种正常现象。上海大学的四校合并应该是一种真正的融合，而不仅仅是形式上的堆砌。在校领导层面，我一直看到他们在努力推动学校的融合。尽管在实际操作中仍然存在一些不同学校之间的隔阂，但总体来说，大家一直在为融合付出努力。就我个人而言，虽然不是"嫡系成员"，但我一直以"上大人"的身份自居，这是我的工作追求。我曾带领学生到新加坡参加辩论比赛，回来时校党委副书记周鸿刚在电梯里碰到我并告诉我常委会刚刚决定授予我王宽诚奖。我当时对此一无所知，甚至没有申请过这个奖项，他们还是决定追加给我这个荣誉。这件事让我深刻体会到，尽管存在"嫡庶之分"的说法，但上海大学始终在努力认可和奖励那些为学校作出贡献的人。另外，在钱校长逝世以后，我还写过一篇题为《一个普通教师眼中的钱校长》的文章。钱校长作为一位杰出的领导者、教育家，对上海大学来说无疑是一份难得的幸运。我们必须客观地认识到，没有钱校长的卓越贡献，上海大学不可能有今天的成就。因此，就我个人而言，我从未将自己归属于任何一派。从入职复旦大学分校，到上海大学文学院，再到今天的上海大学，我一直对自己的学校保持热爱和尊敬，从未以轻慢的态度、轻薄的语言来贬低和诋毁自己的学校。

社会学发展：筚路蓝缕，继往开来

1979年，邓小平作出了恢复社会学、法学和政治学的指示。消息传出后，立即引起了强烈反响。胡乔木迅速联系了当时在北京的以费孝通为代表的社会学家，传达邓小平的这个重要指示。尽管在此之前，我国有名的社会学家无一幸免地被错误地打成右派，备受磨难。当时有一个插曲，一位老社会学家听说社会学学科要恢复，欣喜若狂，摩拳擦掌要去参加会议，但他的老伴却因为跟随这个右派丈夫苦头吃尽，现在见丈夫好了伤疤忘了疼，又气又恼，于是对丈夫下通牒："只要你敢再涉足社会学，就和你离婚。"这当然是这位饱经痛苦的老人一时的气话。事实上，这些老一辈的社会学家，就像中国绝大多数知识分子一样，爱党，爱国，爱专业。虽然当时他们都已达七八十岁的高龄，并且难免为过去的不幸遭遇心存余悸，但在社会学恢复的消息传来后，仍然激动得泪流满面。

以费孝通为代表的社会学家们为中国社会学的恢复而奔走呐喊，费孝通曾多次来到上海，与上海市高教局和复旦大学进行沟通，希望他们能够支持社会学的学科建设。当时的复旦大学校长苏步青对此持谨慎态度，但已在复旦大学分校任党委书记的李庆云却展现出了他的远见卓识。他认为，即使力量有限，也应该先把学科建设搞起来。78级学生入学时，有一批学生考进的是政治系政治学专业。到了1980年，复旦大学分校敢为天下先，在全国高校中率先成立社会学系，设置社会学专业，并从政治学中以自愿报名的方式挑选出30名学生进入社会学专业。人数虽然不多，但却标志着"文革"后中国大陆在高校第一个恢复建立的社会学系正式开始运转。而在这其中，第一任系主任袁缉辉起到了中流砥柱的作用。1980年9月，复旦大学分校新学期正式开学，社会学系也正式亮相。

在复旦分校社会学系的初创时期，教师队伍主要由袁缉辉的学生构成。这些学生之前在复旦大学追随袁缉辉学习，如今纷纷在新校担任重要职务，如庞树奇、刘炳福、麦夷等，他们都是袁老师的学生，现在应老师召唤，从不同的工作岗位进入社会学系任教。同时，复旦大学其他院系的优秀人才，如蒋永康、仇立平、沈关宝等，也被调入社会学系。此外，还从外省市吸引了一些专家，他们原先从事政治、历史、思想等领域的研究，如袁华音、祝瑞开等，也加入了社会学教师的行列。这样，一个由20余人组成的社会学系教师队伍便迅速建立起来，当时的工作效率令人瞩目。

在1980年，李庆云、袁缉辉等一边筹建复旦分校社会学系，一边积极参与上海市社会学学会的创建工作。在全国范围内建立省市一级的社会学学会，上海是比较早的。曹漫之先生对社会学系的恢复非常重视，曹先生是上海解放后的第一任民政局局长，级别很高，他因潘汉年事件受到影响，但后来担任了华东政法学院的副院长，他还是李庆云在山东时的老师。曹先生与复旦分校社会学系也一直保持着密切的联系。在曹漫之的指导和支持下，上海成功成立了上海市社会学学会，由曹漫之担任会长，复旦大学分校党委书记李庆云等担任副会长，袁缉辉则担任理事。与此同时，复旦大学分校还成立了社会学研究所，袁缉辉出任所长。邓伟志曾在一篇文章中提到，上海大学有三个全国第一：第一个成立社会学系，第一个成立社会学研究所，第一个正式出版《社会》杂志。那个时期我们办事效率极高，只要我们提出申请，上海市高教局就会迅速批准。不久后，社会学就被确立为高教局的重点学科，这为我们后续的发展奠定了坚实的基础。

上海大学的社会学系发展可分为以下几个阶段：

第一阶段的发展可谓历经艰辛，但正是这份坚忍不拔的精神，为社会学奠定了成为地方重点学科的基础。在这一阶段，我们还建立起了一个资料室，这真是从无到有的过程，这也是我加入社会学系时的一项重要任务。我们整理了大量资料，也收购了众多珍贵书籍。为了进一步提升学术水平，社会学系还选派了沈关宝、仇立平、李友梅等人到南开大学全国社会学讲习班进行深造。在学生中，王勋和林振宇两人也脱颖而出，被选派和沈关宝等老师一起参加了这个讲习班，并被戏称为"黄埔一期"。如今，这两位学生都已在美国取得了卓越的学术成就，王勋更是成为终身教授。

在学科发展的第二阶段，我们开始陆续招生。尽管当时社会学在全国已经名列前茅，但我们的学术影响力还有待提升。首届以社会学名义招生的学生是80级，但实际上，已有78级和79级的学生先后转入了社会学专业。到了1981年，我们开始招收应届生，而在此之前，主要以历届生为主。随着学科的持续发展，到1983年以后，社会学已经成为重点学科。这时，我们的招生策略也发生了变化，分为两条线进行：一条线是第二批次招生，另一条线则是与重点大学同步的第一批次招生。当时，每年招生我们都会去人民公园摆摊咨询。那时候还没有电脑招生系统，所以一切都是手工操作。如果当年社会学专业计划招收30名学生，我们会收37份档案。按照规定比例，我们可以在这7名额外的学生中进行选择。这个过程中是否存在"开后门"的情况，这7个人就成为一个关键的标志。在招生过程中，我一直负责这项重要工作。到了1994年，我们的硕士点已经获得批准。在申报博士点时，我们让一些相关学科的资深教授担任博士生导师。最终，我们成功地申请到了博士点，为学科的进一步发展奠定了基础。

第三个阶段是邓伟志调来以后，我们的学科发展迎来了新的机遇。在这之前，沈关宝在全国社会学界有着广泛的影响力，他的同学们都在各大高校担任要职，被誉为"黄埔一期"的他们都曾受过费孝通的悉心指导，算是费孝通的嫡系传人。邓伟志的加入进一步提升了我们的学科声望。作为全国社会学学会的副会长，邓伟志为我们争取到了更多的全国性课题。在这一阶段，我有幸参与了《中国大百科全书》"社会学卷"的编撰工作。跟随着邓伟志教授，我连续几年来往于上海北京之间，作为执笔人撰写相关条目。《中国大百科全书》"社会学卷"出版以后，中国大百科全书编委会还为我们每个作者颁发了参加中国大百科全书编撰工作的证书，以表彰在《中国大百科全书》"社会学卷"编撰中的贡献。当《中国大百科全书》"精粹本"出来以后，我发现自己撰写的条目依然被保留在其中，这对我来说是一种莫大的荣誉。

第四个阶段，我认为是社会学的高光时刻，那就是李友梅学成归来之后。虽然李友梅并非费孝通直接教授的学生，但费孝通推荐她到法国深造。学成归来后，她专注于自己的专业，并全身心投入工作中。她又跟随费孝通在全国四处奔波，栉风沐雨，深入贫困地区访问调查，这种付出是一般人难以做到的，尤其是在她还有家庭的情况下。李友梅回到文学院以后，担任了院长。李友梅来做文学院院长，应该讲她是有魄力、有能力的。李友梅非常努力，非常谦虚，非常好学，而且做事的魄力很大，她没有在社会学系担任过行政职务，但是作为学科带头人，社会学系在她的带领下蒸蒸日上，达到了一个非常高的程度。她自己的地位后来也不一样了，担任学校党委副书记、副校长，后来又担任上海市社会学会会长。当然这对于上海大学的社会学系发展来说是大有好处的，而且她又担任中国社会学会会长。

无论是在方明伦校长、周哲玮校长还是金东寒校长任上，我们社会学一直是一个王牌学科，在全国的排名都很靠前。上海市委和市政府对上海大学的社会学也非常重视，组织部、宣传部、人事局、市委研究室等重要课题和研究项目都放到我们学校来，而且因为后来我们越来越重视社会治理问题，上大的社会治理研究在全上海、全国都是有名的，所以连上海研究院也放到上海大学来了，还有社会调查中心等。我们通常讲资源的分配就是"马太效应"，好的愈多，多的愈多。在这一时期，社会学系就有"马太效应"——好了再好，什么资源机会都来了。当然这也和李友梅有关，她的学兄、学弟、师兄、师弟，一批经过专业训练的社会学专家，比如张文宏等都调过来了，所以说是上大社会学发展的一个新阶段。

虽然那时我已经离开了社会学领域，甚至已经退休了，但每次社会学系招生或新生分流时,他们还是会邀请我去发表演讲。这是因为他们认为我讲述的社会学史是他们所不了解的,而且我的讲述方式具有感染力,能够吸引学生们对社会学产生兴趣,从而让更多的人选择加入社会学系。举个例子,黄晓春从一开始入学就是我指导的学生,后来我把他推荐给李友梅,攻读硕士和博士学位,现在他已经是社会学院院长、教授和新一代社会学学科带头人。还有,社会学院党委书记杨锃上任后就打电话给我,希望我能给他们写一份关于社会学发展的书面建议以供参考。现在文学院和社会学院都经常邀请我前去交流,因为他们对自身的历史和底蕴并不完全了解。事实上,文学院就像是母鸡一样孕育出了多个学院,如法学院、影视学院、文信学院以及社会学院等,这些学院都是从文学院的不同专业中独立出去的。现在文学院仅剩下历史系和中文系,无法再继续细分了。我亲眼见证了文学院如何从一个小小的胚胎逐渐发展壮大。而社会学院现在在黄晓春、杨锃两位教授领导下,一定会迎来上海大学社会学系发展新的阶段,创造出新的辉煌。

胡申生与口述历史档案采集团队合影

附录：相关档案

一、1958—1994 年的"四校"

（一）上海工业大学

位于延长路 149 号的校门（1989 年）

附录：相关档案

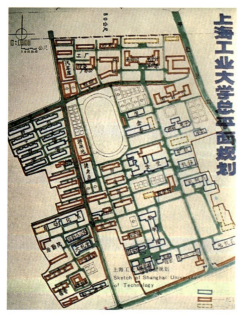

总平面规划图（20世纪80年代）

北大楼（建于1930年）

南大楼（建于1930年）

教学大楼（建于1956年）

图书馆（建于1958年）　　　　　　　风雨操场

1994年1月8日，时任国务院副总理李岚清（右三）视察上海工业大学，称赞学校的改革"思路对、步子大、走得稳、效果好"

（二）上海科学技术大学

位于欧阳路的临时校门（1959年）

位于嘉定城中路20号的校门（1978年）

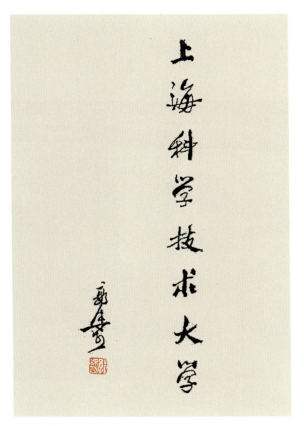

郭沫若题写的校名（1959年5月）

师生在嘉定新校址劳动（1960年）

附录：相关档案

无线电楼

第一教学楼（建于 1960 年）校标雕塑（建于 1985 年）

联合图书馆

中国科学院冶金所所长邹元曦(右二)、副所长吴自良(左二)、硅酸盐所所长严东生(左一)在讨论冶金系和硅酸盐化学及工学系的专业方向和教学计划

（三）上海大学

位于凯旋路 30 号的校部校门（1983 年）

位于西江湾路 547 号的文学院校门（1983 年）

位于蒲西路150号的外国语学院校门

位于中山南二路600号的工学院校门

附录：相关档案

位于新闸路1220号的工商管理学院校门

位于凯旋路30号的美术学院校门

位于外青松公路 7989 号的法学院校门

俞平伯题词（1983 年 7 月）

附录：相关档案

谭其骧题词（1983年7月7日）

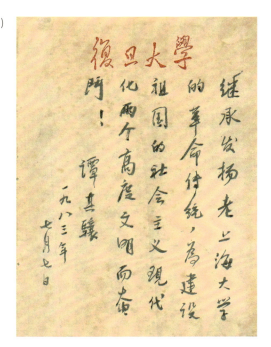

阳翰笙贺电（1983年9月2日）

匡亚明题词（1985年11月）

继承和发扬上海大学的光荣传统，为祖国的建设，培养人才。

杨尚昆
一九八五年十月

杨尚昆题词（1985年11月）

附录：相关档案

江泽民题词（1988 年 5 月 4 日）

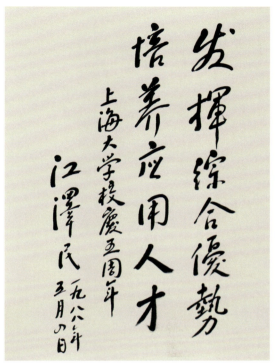

《社会》杂志创刊号封面

1984年6月,《解放日报》刊登《上海大学实行五项教学管理改革　打破学生"六十分万岁"思想》的报道

（四）上海科技高等专科学校

上海计算技术学校位于华山路1626号的校门（1959年）

位于金沙路280号的校门（1984年）

校园建筑（1982年）

图书馆

附录：相关档案

二、1994 年后的上海大学

（一）四校合并

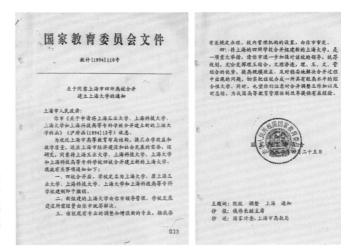

国家教育委员会《关于同意上海市四所高校合并建立上海大学的通知》（1994年4月25日）

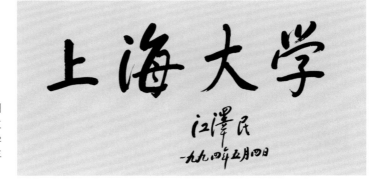

中共中央总书记、国家主席、国家军委主席江泽民为上海大学题写校名（1994年5月4日）

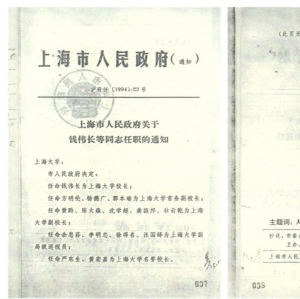

《上海市人民政府关于钱伟长等同志任职的通知》（1994年5月17日）

1994年5月27日，上海大学成立大会在上海展览中心友谊会堂举行

附录：相关档案

成立大会上，校长钱伟长与时任中共上海市委副书记、市长黄菊为上海大学揭牌（1994年5月27日）

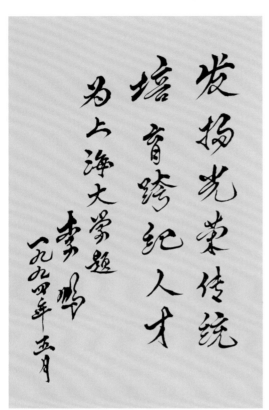

国务院总理李鹏题词（1994年5月）

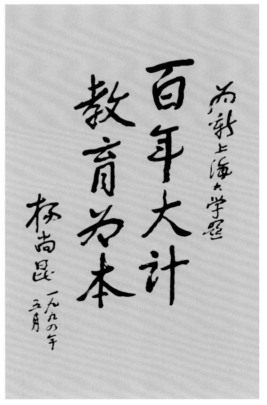

原国家主席杨尚昆题词（1994年5月）

附录：相关档案

国务院副总理李岚清题词
（1994年5月27日）

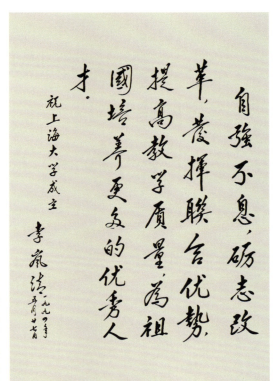

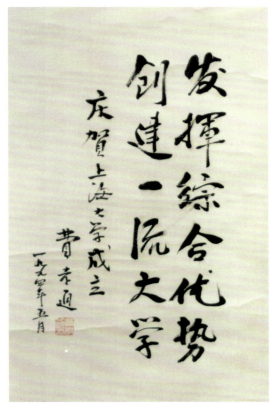

全国人民代表大会常务委员会副委员长费孝通题词（1994年5月）

——上海大学口述实录（第二辑）

1994年5月26日，《光明日报》刊登《发挥综合优势，创办一流大学》的专版报道

上海市领导及学校领导在四校合并为上海大学纪念封上签字

（二）党建工作

第一次党的建设工作会议召开（1995年1月18日）

吴程里作题为《全面贯彻四中全会精神，为跻身"211工程"开创党建工作新局面而努力奋斗》的报告（1995年1月18日）

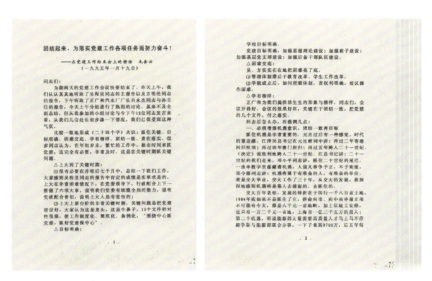

毛杏云作题为《团结起来，为落实党建工作各项任务而努力奋斗！》的讲话（1995年1月19日）

（三）学科布局

1994年建立的上海大学知识产权学院，是继1993年成立的北京大学知识产权学院之后全国高校中的第二所知识产权学院。知识产权学科在当时是一门新兴的交叉学科，和其他学科之间的关系不是平行的，而是交叉和交融的（图为知识产权学院参加模拟法庭的学生合影）

附录：相关档案

1995年成立的上海大学影视艺术技术学院是国内高校首个融合影视艺术与影视技术的学科，当时国家教委公布的专业目录中还没有这样的专业，钱伟长校长邀请著名电影导演谢晋出任上海大学影视艺术技术学院院长（上图为钱校长出席影视艺术技术学院、生命科学学院、外国语学院成立大会，下图为钱校长与谢晋的合影）

（四）跻身"211"

上海大学"211工程"部门预审开幕式（1996年12月23日）

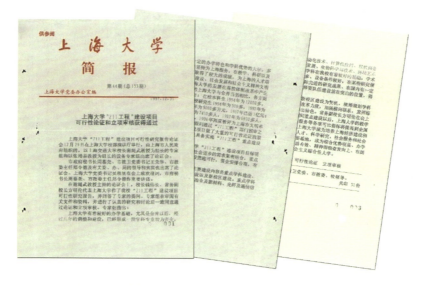

上海大学"211工程"建设项目可行性论证和立项审核获得通过（1997年12月31日）

附录：相关档案

上海大学"211工程""九五"期间建设项目验收会（2002年3月19—20日）

上海大学"十五""211工程"建设项目可行性论证会（2002年11月3日）

上海大学"十五""211工程"建设项目验收会（2007年6月16日）

上海大学"211工程"三期建设验收会（2012年3月18日）

（五）新校区建设

钱伟长校长（中）与上海市市长徐匡迪（左）、市教委主任郑令德共商新校区选址方案（1996年2月）

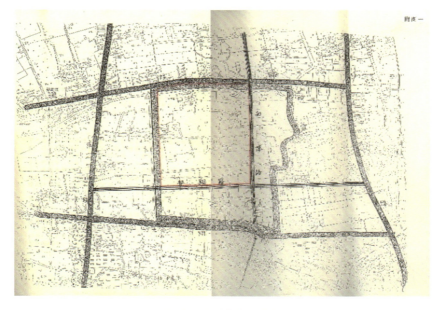

新校区选址范围示意图

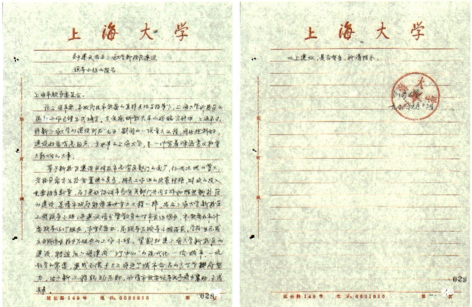

上海大学《关于建议成立上海大学新校区工程领导小组的报告》(1996年9月)

附录：相关档案

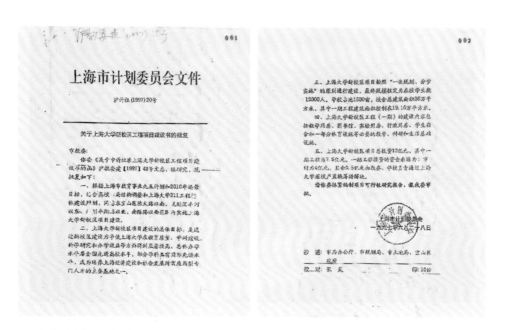

上海市计划委员会《关于上海大学新校区工程项目建议书的批复》（1997年6月28日）

上海市教育委员会《关于上海大学新校区工程项目建议书的批复》（1997年7月9日）

上海大学党委书记吴程里（前排右二）、副书记沈学超（前排右一）出席上海大学新校区前期征地委托包干签协仪式（1997年8月15日）

钱伟长校长（右七）陪同上海市委副书记、市长徐匡迪（右五），市委副书记王力平（左七），市委副秘书长、市政府秘书长兼办公厅主任周慕尧（右二）等观看上海大学新校区建设规划沙盘（1997年11月）

上海大学党委书记吴程里（右四）、常务副校长方明伦（左一）、副书记沈学超（左十）、秘书长曾文彪（左三）陪同上海市副市长龚学平（左九）视察上海大学新校区总体规划建筑方案设计模型（1997年11月）

上海大学新校区工程奠基仪式（1997年12月26日）

新校区一期建设施工现场（1998年10月29日）

新校区一期建设施工现场（1999年4月27日）

附录：相关档案

新校区一期建设初步建成（1999年7月5日）

上海大学新校区启用暨1999年新生开学典礼（1999年9月12日）

钱伟长校长（左六）陪同中共中央政治局常委、国务院副总理李岚清（右五），教育部部长陈至立（右七）等视察新校区（1999年11月）

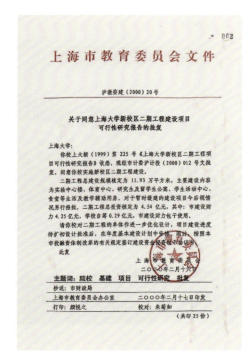

上海市教育委员会《关于同意上海大学新校区第二期工程建设项目可行性研究报告的批复》（2000年2月16日）

附录：相关档案

新校区二期建设体育中心游泳馆浇灌施工现场（2001年3月9日）

新校区二期建设体育中心工程施工现场（2001年3月9日）

新校区二期建设大礼堂施工现场（2003年1月7日）

（六）本科教学工作水平评估

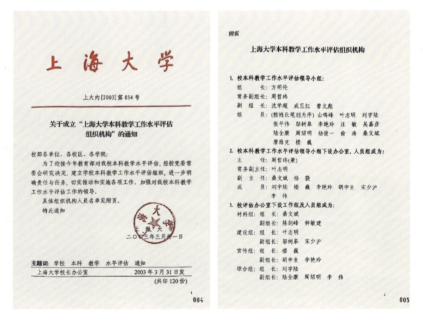

《关于成立"上海大学本科教学工作水平评估组织机构"的通知》（2003年3月31日）

附录：相关档案

《关于接受"教育部关于对安徽医大等48所高校进行本科教学工作水平评估"专家进行评估时间的请示》（2003年8月18日）

教育部普通高等学校本科教学工作水平评估上海大学校长汇报（2003年10月）

上海大学本科教学工作水平评估特色工程示范展示

教育部上海大学本科教学工作水平评估专家意见反馈会（2003年10月）

附录：相关档案

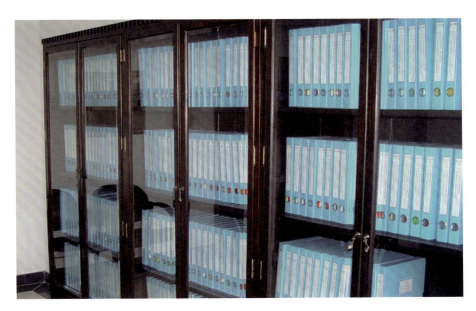

档案馆整理的教学评估材料

《教育部办公厅关于公布上海大学等 42 所高等学校本科教学工作评估结论的通知》
（2004 年 6 月 16 日）

（七）明确钱伟长教育思想

中共上海大学第一次代表大会的报告中明确了"钱伟长教育思想"（2007年1月12日）

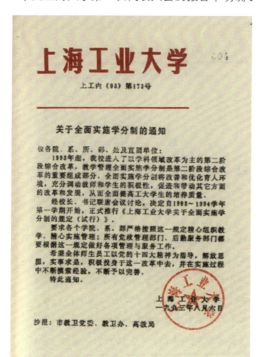

"三制"萌发于钱伟长校长一贯对人才培养模式的思考，形成于钱伟长任上海工业大学校长时期，上海工业大学在1993年推出的"三制"方案在当时的上海乃至全国也属创新。1994年5月新上大成立以后，以上海工业大学的经验及已有的规章制度为蓝本，在全校全面实施"三制"。

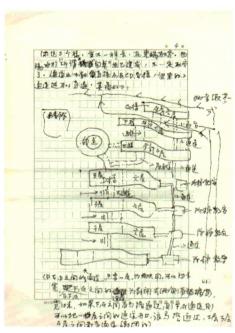

钱伟长关于综合楼 E、F、G 的设计要求手稿

形似"鱼骨天线"的上海大学宝山校区院系综合楼

下 篇

不灭的爱国之火——采访江锦维子江企平、江兆平
呕心沥血为革命，一片丹心映赤忱——采访杨贤江嫡孙杨杰
红色家谱　烈火流年——采访林钧长孙朱风
革命精神不朽　优良家风长存——采访郭毅幼子郭也平

不灭的爱国之火

——采访江锦维子江企平、江兆平

采访时间：2021 年 5 月 14 日
采访地点：江兆平寓所
受 访 人：江企平、江兆平[①]
采 访 人：李同（主持） 洪佳惠 彭青莲
整 理 人：蒋菁

江锦维（1910—2007）

又名江关林，上海南汇泥城人。曾就读于发蒙小学、万竹堂小学。1923 年，由中共早期党员林钧推荐，考入上海大学附属中学。1924 年，加入中国共产主义青年团。1925 年，在五卅运动中被捕；同年秋，在恽代英的领导和亲自指导下，参与筹建校共青团的外围组织上海少年社并任宣传部部长，发行《上海少年》刊物。1925 年 10 月，积极参加非基督教大同盟（即反对帝国主义文化侵略的斗争活动）。1925 年 11 月 18 日，被上大附中推选为济难会儿童团委员。1927 年，参加上海工人第三次武装起义天通庵车站战斗。1927 年四·一二"白色恐怖"后，奉组织之命担任秘密通讯员，住极司菲尔路（今万航渡路）。解放后，任南汇县工商联常委、泥城工商联络站主任，南汇县第一届人民代表大会代表等职。2007 年 10 月，在泥城病逝。

[①] 江企平为主要口述访谈对象，在谈及江锦维与周文在重逢及个人的入党经历时，江兆平作了补充，已在文中标注。

难以忘怀的峥嵘岁月

我父亲于1910年出生，1923年顺利小学学业。当时，他的老师林钧先生，向他推荐了上海大学附属中学，并鼓励他积极报考。1923年的上海战乱频繁，尽管我父亲成功通过考试并获得录取，却未能即刻入学。他耐心等待了一年，直至局势渐趋稳定后，才得以踏入上海大学附属中学的大门，正式开启了他的中学时代。

我父亲常怀感激之情地提及，林钧先生是他人生旅程中从小学迈向上大附中的关键引路人。在上大附中的求学岁月里，有几位老师的身影深深烙印在他的记忆中，他们的名字——恽代英、瞿秋白、萧楚女、杨贤江和侯绍裘——被他珍藏在心底，并在晚年时常向我们子女提起。尤其是恽代英老师，被我父亲尊称为在上大附中期间最具影响力的恩师。当被问及为何恽代英老师给他留下如此深刻的印象时，我父亲回忆道："老师竹布长衫平顶头，极其和蔼可亲，每次见到我，总是亲切地摸摸我的头，拍拍我的肩，嘘寒问暖。"在大革命时期，正是我父亲在上大附中求学的那三年，仿佛老师为他揭开了一个崭新世界的神秘面纱。这个充满活力和激情的世界为他带来了前所未有的体验和感悟。他积极投身于上海大学的各项活动，深受那种振奋人心、可歌可泣的精神感染。即使到了晚年，他依然满怀激情地向我们讲述着那些年的经历，每一次聆听，都让我们为之动容。

在1924年秋天，我父亲加入了共青团，他的入团介绍人是戴亨，一位英勇的女同学，后来听说在杭州壮烈牺牲。对于现在的孩子来说，共青团员可能并不显得特别，但在1924年，党员和团员的总数才刚刚超过两百人，因此我父亲也算得上是一位资深的共青团员了。当时的上海大学是革命活动的热土，经常举办团课、作报告等各种活动。在这些活动中，我父亲与恽代英老师接触较多，受到了深刻的影响。他和同学们手头都有革命杂志《向导》和《新青年》，这些杂志对他的思想也产生了深远的影响。入团不久，恽代英老师发起成立了上海少年社，并发行了《上海少年》刊物，这是一份16开的半月刊小报纸。我父亲被任命为宣传部部长，白天上课，晚上收集整理文稿，油印传单。第二天分头散发到市内各中学和工人夜校，借以唤起上海各界青少年特别是工学界青少年积极投入当时的反帝反封建的各项爱国运动中去。他还积极参与了非基督教大同盟活动。尽管当时搞这种活动的压力和风险都很大，有时甚至会被抓捕，但我父亲仍然义无反顾地参与其中。他曾经被抓过两次，但后来都被释放了。其中一次被抓是在五卅运动时期。我记得他曾经说过，非基督教大同盟成立不久，就在12月25日教堂做弥撒的时候进行了一次活动。他们事先准备了许多传单，想利用这次机会进行宣传。当天大教堂里人山人海，因为除了做弥撒外还有电影可以看。在做弥撒前放电影的时候，他们就趁机发放传单，顿时场面大乱，顷刻间警笛四起，巡捕军警包围教堂，男女同学多人不幸被捕。这个活动可能是由高尔柏组织的。

在整个大革命时期，上海大学俨然成为了革命的大本营。我父亲便是在这里接受了马列主义的深刻教育，尤其在爱国主义方面，他受到了极大的熏陶。正因如此，他从不甘于落后，始终热忱地投身于各类活动之中。我父亲曾说，在校三年，他无役不参。可以说，他在上大附中的师长与同学们的激励与引导下，得到了全面的成长与进步。

在五卅运动中，我父亲因表现出色而受到了党、团组织的通报表扬。当他被抓捕又获释后，同学们纷纷称赞他为"半个烈士"，对他的英勇表现给予了高度评价。每当提及这段经历，他的情绪都会变得非常激动，我们作为听众也同样深受感染。他还曾亲身经历过四一二大屠杀的惨烈场景，在枪林弹雨和大刀砍杀中侥幸逃到租界，得以幸存。

1927年"白色恐怖"时期上海大学被封，我父亲转而受命担任秘密通讯员。他常常与同学吴醒灵一同在总部联络据点值班，晚上不开灯，只点一支蜡烛。不幸的是，联络点后来遭到了破坏，他们被迫隐蔽起来。尽管在隐蔽期间，他仍一直积极地寻找组织，但由于大家都已经分散隐蔽，他最终未能重新与组织取得联系。

此后，我父亲转学到南市区的亚东中学继续学业。高中毕业后，他曾在青岛从事建筑业。大约在1940年，我祖父离世，作为长子的我父亲不得不回到乡下，并一直经商至解放。随着新中国的诞生，百废待兴，他担任了当地工商联的主任，并作为人民代表在工商联中勤勉工作。他的一生经历了不少曲折，包括"文化大革命"的磨难以及后来的平反，最终他以一个普通工作者的身份走到了生命的终点，于2007年辞世。在他漫长的人生旅程中，他最怀念的始终是在上海大学附属中学度过的那段时光。

迭年不变的同学情谊

在上大附中时期，我父亲与唐棣华、戴亨、吴醒灵、周文在等几位同学结下了深厚的友谊。其中，唐棣华是阳翰笙（欧阳继修）的夫人，戴亨是他的入团介绍人，吴醒灵是他在"白色恐怖"时期的战友，周文在则在1955年成为开国少将，当时他们都是上大附中高中部的同学。记得有一次父亲指着家里的一只皮箱等三件生活用品说，这是他的同学唐棣华在1927年"白色恐怖"时寄存在我家的物品。

据我父亲回忆，当时的学校是一所"弄堂学校"，宿舍、教室和会议室都集中在一起，中学部和大学部也在同一栋楼内。这种布局为他们提供了更多交流和参与活动的机会。活动通常在大楼底层的大礼堂进行，大学部和中学部的同学们经常在一起参加各种活动。当时的老师们鼓励他们不仅要好好学习，还要积极参与社会活动。他们被教导要走向社会，深入到底层群众中去，了解工人的生活，关注童工的困境。因此，在上海少年团的时候，他们这些还在读初中的同学就开始担任"小小先生"，到平民学校、工人学校和各个小学堂去教书，从小就接触社会、了解社会底层的老百姓。尽管他们当时年纪还很小，但能够在五卅运动和第三次工人武装起义革命中发挥作用，离不开他们杰出的老师的指引。像林钧、恽代英和萧楚女以及中学部主任侯绍裘等人，都是他们的兼职老师。恽代英老师当时虽然担任团市委书记的职务，但他仍然经常到学校来上课，带领学生们开展各种活动。在他们的带领下，我父亲和他的同学们得以更深入地了解社会现实，并积极投身爱国反帝活动。

这些师生同学间的情谊，历经岁月仍深深烙印在大家心中。说起这些老同学是如何重新联系上的，还真是有一段故事。当时我们泥城供销社有一辆车停在上海市区，碰巧被我父亲的另一位老同学赵振麟看到了。他也是上海大学的校友，1923年就入了党，可惜后来脱党了。这位老同学一见到车主（我父亲单位同事），就热切地询问他们是不是来自浦东，还问他们认不认识一个叫江关林（我父亲的乳名）的人。就这样，失散多年的老同学重新取得了联系。

在后来的叙旧中，赵振麟先生提到了周文在先生。他说周文在和我父亲以前在上海大学附属中学时是同一个宿舍的，关系非常要好。后来我父亲通过南京军区相关部门，终于联系到了周文在先生。我父亲得知消息后激动不已，他们已经有六十年没见面了，六十年啊，整整一个甲子！而周文在先生在获悉我父亲尚健在且文思清晰的消息后，也异常兴奋，称之为"空谷足音"。此后，周文在先生经常与我父亲书信往来，分享彼此的近况和回忆往昔。我父亲还应邀去苏州和上海拜访过他两次。当时周先生已经离休了，他曾担任过福州军区政治部副主任和江苏省政协副主席的职务。两位老同学相见甚欢，彻夜长谈。周文在在与父亲的交谈中，称赞我父亲当年就是爱国新青年、少年英雄，而他则自谦为无名小辈。周先生还特地写了一组诗发表在《苏州报》上，送给我的父亲。这首诗在1985年5月

31日发表,正好是纪念五卅运动,也象征着他们老一辈之间历久弥坚的革命友谊。诗的具体内容如下:

五卅六十周年书示当年上大附中江锦维同学

周文在

一

屈指从头六十年,待冠学子志初坚,豪情正似新生犊,世界思潮竟探研。

二

南京路溅血痕腥,动地惊雷万众醒,北伐怒涛前夜届,当时海上共明星。

三

巡捕房中罪犯身,而今日月尽翻新,追怀烈士成仁迹,白首同窗剩几人。

注1:"海上明星"上海大学校徽也。

注2:江于五月二十四日被捕入普陀巡捕房,余于五月三十日被捕老闸巡捕房。

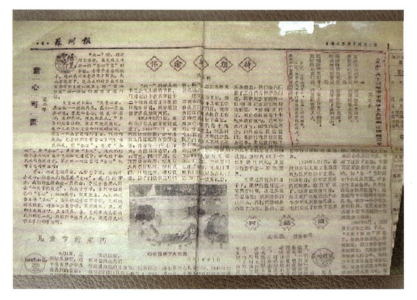

1985年5月31日,《苏州报》刊登周文在为上大附中同学江锦维所作的三首七言绝句

大约是在1990年左右，我父亲为了纪念自己参加五卅运动和上海工人第三次武装起义的经历，撰写了两篇回忆文章，并发表在《档案与历史》和《上海工运史》上，杨贤江先生的儿子偶然间看到了其中的一篇文章，由此联系上了我们，他还亲自到我们家来拜访我父亲。交谈中我父亲提到，杨贤江曾是他中学时代的老师，这让他们之间的关系更加亲近。在上海第三次工人武装起义时，上海大学有三四十名学生组成了一个分队积极参与起义。当时，杨贤江和胡警红担任了队伍的领队。我父亲也毅然"投笔从戎"，手持武器、刀棍，与队伍并肩作战。他们在天通庵路的火车站附近配合工纠队与敌人展开了激烈的战斗。他们的主要任务是两项：一是占领天通庵车站和铁路分驻所；二是协助拆除路轨，截断交通。当起义枪声响起时，他们巧妙地将火药放入鞭炮筒中，制造出震耳欲聋的声响来迷惑敌人。最终，他们取得了胜利。我父亲后来作为队伍的通讯员，负责传递信息和联络工作。他骑着自行车，在车把上插着一把鲜艳的红缨刀，穿梭在城市的街头巷尾。那是上海市民的胜利啊！在热烈的欢呼声中，上海特别市临时政府诞生了（父亲的老师林钧担任了特别市政府秘书长）。这段经历也成了我父亲一生中最宝贵的回忆之一。

　　如今，我父亲的名字被镌刻在上海大学溯园的名单墙上，他仿佛又与昔日的师长和同学们相聚在一起。这样的归宿，对他而言必定是极为欣慰和高兴的。

代际相承的爱国思想

　　我父亲是一个对政治极为关注的人，他为人正直无私，勇于承担责任。在工商联担任主任期间，无论是筹备组织工作还是党的工商政策的宣传落实，他都能亲力亲为，尽心尽责。在"三年困难"时期，上海市区急需郊区乡下副食品的支援，那几年，无论严寒酷暑，风里雨里，他都不辞辛劳地推着一辆老旧自行车，车后两旁载着两只装蛋竹框，走街串户，收购禽蛋。由于工作表现极为出色，在郊区收购禽蛋方面名列全市第一。《解放日报》也在 1962 年 6 月 9 日头版对他进行了报道和表扬。可以说，他具有强烈的社会使命感，始终将国家和人民的利益放在首位。

我父亲拥有一个最为显著的优点，那就是他深切的爱国情怀，这在我们子女心中留下了难以磨灭的印象。我清晰地记得，父亲手中常抱着一个黑白相间的红灯牌收音机，每天听新闻时事节目，即使在卫生间也不离手。2007 年 10 月 21 日，正值中国共产党第十七次全国代表大会闭幕之际，那天上午 10 点钟左右，他躺在病榻上，已然言语不清，但他仍用微弱的声音询问我："今天是十七大闭幕，当选新常委的有哪些领导人呀？"我及时告知了他结果，他欣慰地点点头。令人悲痛的是，在午后不久，他便离我们而去。因此，可以说直到生命的最后时刻，他还依然心系着党和国家的大事。

在父亲的影响下，我们几个子女以及我们的孩子都怀揣着一颗报效国家的热忱之心。父亲对家人的品格教育尤为重视。记得我大哥的儿子考上华东政法学院（现为华东政法大学）时，父亲和母亲特意亲自送他入学。父亲语重心长地对孙子说："这所学校非同一般，它关乎人命关天的大事。你一定要珍惜机会，努力学习，将来成为一名出色的法官或检察官。"这个孩子在校努力学习，在校学生会担任干部。毕业后到法院工作，工作期间，他更是积极响应党和国家号召，主动报名援藏，被派往日喀则地区江孜县担任县领导，亲手设计、建成运营世界上海拔最高的红河谷现代化农业示范区。如今他在浦东某镇担任党委书记，兢兢业业，努力工作。这个孩子始终铭记着爷爷的教诲："要听党的话，跟党走，多读书，做一个对社会有用的人。"这些话语一直激励着他不断前行。

我①也深受父亲坚定理想信念的影响。1986 年，我就提交了入党申请，然而入党之路并不顺利，直到 1996 年才如愿以偿地成为一名党员。这个过程历经了整整十年，其中充满了各种困难和挑战。但是，我和父亲

---

① 此段的"我"为江兆平。

一样坚定了自己的信念，无论遇到什么困难，我都要入党！后来，我有幸被任命为南汇区泥城社区卫生服务中心的党支部书记，我始终牢记医疗卫生是民生大事，国家兴旺，健康为本。坚持党建引领，服务百姓健康，在岗四十余年，多次荣获优秀党务工作者和记功等奖励。

泥城这个地方，虽然规模不大，但却有着浓厚的红色气息。我曾多次参观那里的红色纪念馆，深受触动。令我惊讶的是，在这样一个小地方，竟然也走出了四五位上海大学的学生，他们为国家和人民作出了杰出的贡献。这也让我更加坚信，红色精神在我们国家是如此地深入人心，激励着一代又一代人为理想和信仰而奋斗。

在父亲深远而持久的教育与熏陶之下，我们几个子女不仅在工作的每一个细节中，更在生活的点滴之间，都始终如一地恪守着规规矩矩做人、光明磊落行事的坚定原则。这种原则，已经深深烙印在我们的骨髓里，成为我们行为的指南和处世的准则。正因如此，当我们回首父亲留给我们的遗产时，虽然在物质层面并不显得特别丰厚——没有豪华的住宅，没有巨额的存款，没有闪耀的珠宝，但在精神层面，他所赋予我们的却是一种无法用金钱来衡量、无法用言语来表达的宝贵财富。这种财富，是他在漫长岁月中通过言传身教、身体力行所传递给我们的坚韧品格、崇高信仰和深沉的爱。

青年寄语

在各位到来之前，我翻阅了父亲的文章，其中有一句话特别引起了我的注意。这是他在写给同学的一封信中提到的："听说党中央有意恢复上海大学，我心中的喜悦简直无法用言语来形容。"我深怀同感，每每提及上海大学，我都会不由自主地想起我的父亲，以及那些为革命事业无私奉献、英勇斗争的先烈们，如恽代英、萧楚女……

作为他们的后代，我们希望上海大学的学子们能够继续传承和发扬这种革命精神。在这个属于我们的时代里，我们要立志"成为一个对社会有

不灭的爱国之火——采访江锦维子江企平、江兆平

江企平（左）、江兆平接受口述历史档案采集团队访谈

用的人"，不仅要为个人的成长努力，更要为国家和民族的繁荣贡献自己的力量。同时，我也衷心祝愿上海大学能够越办越好，成为培养新时代优秀人才的摇篮。

附：父亲的回忆

共青团在"上大"附中的外围组织及其活动情况（1924—1927）

一、非基督教大同盟

（1）1925年10月间上大附中在共青团上海市委恽代英同志的直接领导下，组织和发起了上海非基督教大同盟，并于11月份召开成立大会，选出附中同学（团支部负责人）胡警红、樊警吾等5人为执行委员，主席是胡警红，上海各校也纷纷成立了支部，如景平、爱国女校、复旦、南洋等中校。

（2）非基督教大同盟的宗旨是，唤醒全国人民反对帝国主义列强的文化侵略。随着帝国主义列强军事侵略的步步深入，经济侵略和文化侵略也如影随形、紧跟不舍。帝国主义分子在中国各地普遍设立教会教堂、教会学堂，用欺骗、麻醉的阴险、伪善手段，推行他们杀人不见血的奴化教育，借此实现其瓜分中国的狂妄野心。我上大附中师生，在党的领导下，始终高举反帝反封建的爱国主义大旗，为挽救中华危亡，站在冲锋陷阵的最前列，其近因是通过五卅运动，教会学校、当局主张"耶稣救国"，宣扬"人道主义"等，严重摧残、阻挠、蒙蔽学生的救国运动，有的甚至解散学校，逼迫学生中途退学，以达到其破坏运动、扼杀中国革命的目的，充分暴露了假慈悲、假人道的丑恶面目。

（3）具体活动，1925年12月25日夜（圣诞节）发动同盟支部在全市范围内直接参加教堂弥撒大典，掀起一次大规模的反帝反基督教的爱国运动。（事先严守秘密）

记得我校共出发5个组，每组10人，各由组长一人负责指挥，我参加的一组，由我担任组长，男女同学共10人，指定地点是北四川路守真堂，出发前每个人口袋里装满了红绿纸传单，当夜幕降临的时候，同学们分散混杂在人群中一起进入教堂，教堂里面挤满了中外教徒，首先出乎我意料的是，教堂内外气氛紧张严肃，教堂的讲坛内侧，隐约有武装巡警梭巡，似乎有所戒备，我正愁没法进行活动更无法与同学联系，正在为难间，教堂宣布先放电影，后做弥撒，这是一个求之不得的机会。当电影放到5分钟左右，场内一片漆黑，我在座位上起立，首先将传单向上空散发，接着同学们也很快将传单如法炮制，一时场内秩序大乱。灯光大亮，教堂神职人员及武装三道头立时出现在教堂内外，严令参加者各就各位，不许乱动，少许，大批武装巡警已包围了整个教堂。声称今晚有赤化分子捣乱，要严格搜查，他们派十余名巡警，守住大门并在教堂里逐个搜查，不幸的是，我们同学中有一位女同学，因情绪紧张，来不及将放在座位上的传单全部发出，以致被捕，当出门搜身时，又有一名男同学因身上还有遗留传单同时被捕。我们其余8人，大家揣着一颗惶惶不安之心，通过门卫严密搜查，顺利返校。当晚校方即派一名代表分别向捕房交涉。在这次活动中，我校同学总计被捕7人，被拘留到26日上午，全部具保释放。

1926年后同盟采取另一种斗争方式，开展各项宣传活动，如召开会议、在报纸杂志发表文章，特别是联系教会学校中的进步学生，成立同盟秘密小组，发动攻心战，使教会当局穷于应付，焦头烂额。我校同盟成立短短一年半时间，直至1927年蒋介石发动四一二大叛变，学校被封为止，时间虽短暂，但在社会上已产生了深远的影响，使帝国主义列强的在华势力感到中国人民的不可侮。

二、上海少年社

上海少年社也是上大附中团的外围组织，成立于1925年，五卅惨案发生后的8月份，由高尔柏负责指导，组成五人执行委员，社长是吴醒灵，下设组织、宣传、财务、联络、庶务等部。组织和联络二部由同学侯世俊、顾根兴分别负责，我负责宣传部并出版《上海少年》半月刊，它是一张16开4版小报，上海少年是四个红字，少年社的使命是唤起上海各界青少年（特别是工学界青少年）积极投入当前反帝反封建的各项爱国运动，在各中学也成立了不少支部。《上海少年》半月刊的宣传内容，有时评、略论当前形势、青少年动态并宣传提倡男女平等、反对封建礼教及基督教文化侵略、联络各校青少年交流感情及组织文体活动、等等。大家深入到工厂做童工及青工的思想发动工作，轮流到平民夜校当小先生，同工人兄弟建立了深厚的友谊，并在各种社会活动中并肩战斗。

我记得第一期创刊号有时论"上海少年的使命""回忆国父孙中山""苦难深重的上海童工"等以及一些适合青少年的趣味性文章。开始几期投稿的都是附中同学，到1926年各支部学校同学投稿的也很踊跃。

注"恽代英同志在上大教学外，因他担任上海团市委领导工作，还在附中兼课，时常在附中活动，搞青年工作，我与他接触最多。"直至1926年春他去广东武汉参加北伐。

江锦维《共青团在"上大"附中的外围组织及其活动情况》手稿

狱中七日记

一九二四年六月,我考入以革命熔炉著称的上海大学附中,接受共产主义的启蒙教育。

一九二五年五月十五日,日商内外棉纱厂发生了一起日本大班无理枪杀中国工人顾正红的事件。这一暴行,激起了上海全市人民的公愤。日棉纱厂工人全面实行罢工,表示强烈抗议;上大学生会也召开紧急会议,声援罢工工人,并派专人前去吊唁。

五月二十四日,上海各界在闸北潭子湾召开顾正红烈士追悼大会。二十三日晚,我校学生会在社会学系大教室召开动员大会,由林钧、刘华主持,瞿秋白、恽代英等教员也出席了。他们几位都在会上慷慨陈词。特别是恽代英老师,上台第一句话就紧紧揪住了同学们的心:"诸位同学,日本人在我们中国的领土上,无辜枪杀我们的同胞,这是可以忍受的吗?!"接着,他历数帝国主义列强在中国犯下的滔天罪行,用呐喊般的声音说:"只有奋起斗争,才能救国救民。"听者动容,我也深受感动。会后布置了声援罢工工人的组织工作。

二十四日中午,我和大学部、中学部男女同学和平民夜校工人代表约三十余人，组成一队，由西摩路本校出发，向闸北潭子湾前进。沿途，我们手执标语，上面写着"打倒日本帝国主义！""惩办凶手，讨还血债！""为顾正红烈士报仇！"等口号，并散发传单。临行前，我长衫的口袋里装满了传单。我随着队伍，一面高呼口号，一面散发传单。突然，背后有一双大手，将我的衣领狠狠地揪住，几乎使我喘不过气来，我挣扎着回头一看，只见一个凶神恶煞的外国三道头巡捕，把我连拖带搜押进普陀路巡捕房，等到同学们发觉，我已被拖进铁栅大门。我一进预审室，就见大学部同学朱义权、韩步先和高中部同学赵振环三人已先我被捕。他们神情严肃，似有忿激之状，突然见我被一个高头大马般的西捕，像拎白兔一样抓进来，推倒在地上，顿时一惊，连站立二厢的中、印、西捕也为之瞠目。其时，站在铁门外的同学、工友同声怒吼，要求立即释放被捕同学，并向学校当局告急求援。这个场面也吸引了大批过路的同胞，抗议之声，不绝于耳。巡捕房当即采取措施，加强防范。只见大批巡警来回奔跑，一片惊慌。当时，巡捕对我们监视极严，不准相互交谈。同学们用眼神和手势示意，相互鼓励。过了一个多小时，西捕头升堂预审，第一个被叫去的是朱义权同学，凶恶的捕头用严厉的目光盯住他，一再逼他要交代出幕后指使人，未得效果，接着，又被强按着手指，揿了大小20多个手印，最后搜身，将身上的一切东西包括裤带在内统统拿去。其他两人也如法炮制。最后轮到我，捕头却一反常态，和颜悦色地看着我，叽叽咕咕对翻译说了许多话，翻译俯身对我讲"你小小年纪，受了那个赤化"，我一言不发，又问"传单、标语是谁给的？"我讲："这些东西都是学校开会时拿的，我年轻不认识他们。"这时已到了下午五时左右，捕房门外的人是越聚越多，林钧等代表校方，面见捕头，提出立即释放被捕同学，被无理拒绝。捕房旋即将我们押入牢房，七天的黑牢生活开始了。

我们踏进牢房之时，发现文治大学的施文定、谢玉树以及刘贯之已于二十三日因劝募烈士经费和参加工会活动而被捕。难友相见，格外亲切。开始两天，捕房勉强允许外界前来探视慰问，每日三餐由学校送来，被褥也可自备。慰问代表络绎不绝，包括家属、同学、各界代表，还带来许多食品罐头。代表们的殷殷垂询和热情鼓励，使人永志难忘。

我因是七人中最年轻的一个，他们都像兄长一般关心我，朱义权、刘贯之还教我怎样对付捕头诘讯，告诫最重要的一条是不要讲出受谁指使。到了二十六日我们和外界失去了联系。这天清晨，捕头面目狰狞，携带狼犬来到牢房，他咆哮着命令将我们七人赶出牢门，并将我们的被褥、食品扔到牢房外的空地上，随后又将我们推入牢内，并扔进了四条破烂肮脏的薄毯子。我们被禁止与外界接触，但门外群众的抗议声每天都隐约传入牢房。还是赵振坏想出了一个人叠人的办法，贴着墙爬上去，从气窗里看到外面人头挤挤，群众与巡捕大声争吵，捕房大门内岗哨林立，如临大敌。从此，每天吃的是黄糙米，既脏又黑，用以下饭的青萝卜头已发霉变质。晚上七个人盖四条破毯子，同学们看到我年纪小，他们六个人挤在三条毯子里，而单独给我一条，我们紧靠在一起抵御夜冷。使人难忘的是，有一位爱国华捕，几次把校方传给我们的小纸条扔进牢房，使我们能及时了解外界的情况，增强我们的斗争信心。还扔进牛肉干数包，指名送给我吃。

五月三十日早上，我们被押解至会审公堂公开审讯。我们全被戴上手铐，当把手铐铐到我手上的时候，发生了一件十分可笑的事，由于我手腕细，手铐不要说铐到我的手腕上，即使铐到胳膊上也要脱出，他们只好装装样子算了。在车行途中，又发生了一件难忘的事，囚车分内外格，外边一格通风的地方，坐着两名西捕监押；里面一格坐着我们七人，还有中、印捕各三名。但是不论华捕、印捕都对我们表示同情，他们的态度是友好的。其中一个华捕，看到我身材短小、面黄肌瘦、精神疲乏，出于同情竟大胆地把我抱在膝盖上，轻轻对我说："小弟弟，我也是一个中国人，我也是有良心的，你们今天为国家出力，长了中国人的志气，我很钦佩。"在通往浙江路会审公堂的路上，营救被捕学生的示威群众渐渐多起来了，聚集在会审公堂周围的不下数千人。口号声此起彼落、情绪异常高涨。当我们从囚车中走出来的时候，曾和我们朝夕相处的上大同学一个个奋不顾

不灭的爱国之火——采访江锦维子江企平、江兆平

身，冲破巡捕阻拦，挤到我们面前，流着热泪和我们热情拉手。问候声，鼓励声，句句情真意切，催人泪下。我们一路走向被告席，只见法庭上已挤得水泄不通，大家都以一睹我们的面目为快。坐着的站了起来，后面的踮起脚跟朝前看，秩序很乱。法庭上坐着主审官华人关炯之，陪审的有英、日等国领事，旁听席上有各国新闻记者、工商学各界代表、地方知名人士和被捕同学家属。我们学校聘请英国人辩护律师克威出庭辩护。先由捕房的公诉人指控学生图谋不轨，触犯租界法规，要求法庭依法严惩。辩护律师则说，租界毕竟是中国领土，学生为同胞死难而参加追悼会，在本国土地上集会、游行、散发传单，本是他们的应享权利，何罪之有？法官们鉴于法庭内外群情激奋，深感压力很大，惶恐不堪。当时法庭门外的群众大有冲破警戒线、大闹公堂的趋势，因此不得不匆忙宣布休庭十分钟，随后又急匆匆出庭正式宣判，朱义权、韩步先、赵振环三人各交一百元现金保释，随传随到，我因不足法定年龄，宣告无罪开释。当我们被热情的群众拥簇着出庭的时候，一辆上海各界欢迎出狱学生的轿车，已经停在门口，然后载着我们到福州路大西洋西菜社，举行隆重的欢宴慰问。那时正

1925年5月26日，《申报》刊登《学生被捕案候日领堂期审讯》的消息

1925年5月31日,《申报》刊登《两大学学生被拘案续志》

是中午十二时左右,只见沿途一大批、一大批的学生、工人、市民手执标语,呼喊口号,有的散发传单,有的发表演说,形成了一股强大的反帝怒潮。我们在大西洋西菜社的慰问宴尚未终席,南京路老闸捕房前已是枪声大作,我上大同学何秉彝第一个中弹倒在血泊之中,震惊中外的五卅大惨案终于爆发了。

(石源华整理)

(本文原载《档案与历史》1986年第2期)

天通庵车站之战

在党中央、上海区委以及周恩来、赵世炎等同志的领导下,一九二七年三月二十一日,爆发了上海工人第三次武装起义,这次起义取得了胜利。在中国工人运动史上,谱写了光辉的一页。

当时,我作为共青团和上海大学学生纠察队的一员,也参加了这次斗争。

起义前夕，即二十日晚上，上海大学党团特别支部召开了联席会议，传达了党的紧急决定，要求我校党团员率先参加学生纠察队，配合工人纠察队，在二十一日中午举行全市工人大罢工的同时，投入工人武装起义的行列，夺取政权，迎接北伐军。

经过严格挑选，上大附中男女学生有四十余人参加了纠察队上大附中分队，其中大部分是党团员，由校务主任、共产党员杨贤江，团委胡警红（女）率领，二十一日上午由江湾新校舍分批出发，到达指定地点——天通庵路景贤女校集中。我们的任务是作为工人纠察队的后备梯队，配合工人纠察队行动，做好后勤工作。我们的主要目标是两项：一是占领天通庵车站和铁路分驻所；二是协助拆除路轨，截断交通。

起义那天，天气晴朗，但寒气仍然袭人。中午十二时，队长一声令下，我们立即配合工人纠察队行动。他们大都来自商务印书馆和铁路局，共约百余人。

那时，车站已有所戒备，但只有警员二十余人，仍人寡力薄，我们把车站团团围住，附近的警察所内，已一片惊惶。铁路工人带头向敌人喊话劝降，我们也大声附和，增强了声势。车站警员一看形势不妙，只得用白衣衫权充白旗，表示投降，我们缴获了他们全部武器，装备了自己。

正在这时，我们接到闸北区指挥部的紧急命令，因据密报，有列满装直鲁军的军列受阻于吴淞，又图折回北站，以增援主力敌军。指挥部指出截断这趟军列，并中途埋伏，以拦阻敌军增援，乃是关系到攻打北站的成败。因此，要求我们在占领天通庵车站后，迅速拆除路轨，截断铁路，阻击聚歼敌人。

队长一声令下，工人纠察队中的铁路工人带领大家，人人动手，将江湾到天通庵之间弯道处的路轨拆除，成功地拦阻了这趟军列的通过，这时已近下午四点。

由于拦阻军车的成功，赢得了宝贵的时间，除北站及商务印书馆外，闸北全区的敌大小据点及一切公共设施，均被工人起义武装所占领，巷战也趋于低潮。攻打天通庵车站的工人纠察队奉命分驻铁路两侧和街头巷尾，做好伏击的准备。我们学生纠察队则以景贤女中为后勤据点，负责宣传鼓动工作。

当夜幕覆盖大地时，商务印书馆俱乐部和北站激战方酣，火光融融，硝烟弥漫。这时，火车的隆隆声正由远而近。埋伏于铁路两侧的工人纠察队员，摩拳擦掌，准备全歼来犯之敌。忽听得一声巨响，这条列车长龙，倾倒在路边，敌军顿时慌作一团。英勇的工纠队员弹如雨下，突然袭击从覆车中钻出来的敌人。我们男女同学，有的冒险输送弹药，有的给工人纠察队员送茶送水，有的呐喊助威，有的在火油箱里放鞭炮，虚张声势。但毕竟是敌强我弱，攻势逐渐减弱。敌人不时派出小股力量，潜入邻近街坊搜索。不久，景贤中学门前出现了敌踪。那股直鲁军，有的步枪上了刺刀，有的身背大刀，有的腰挂手榴弹，到处寻找和收搜猎物。在这紧急时刻，我们的队长当机立断，先让十名女同学越墙隐蔽在居民家待命，其余的学生队员留在学校中监视敌人。工纠队员也三三两两地躲在暗处，不时射击敌人。

约在六七点钟，突然枪声大作，原来沪东援军赶来，双方展开激战。我学生队员，也纷纷投入战斗，把街头的少量敌军压回铁路沟槽内。

经过一阵激战，敌人军心涣散，尤其是困在车厢里的残敌，饥寒交迫，无意再战。正在这时，传来了北伐军已占领龙华的消息，真是一惊一喜，敌人军心更加涣散，我方则士气大振。不少敌军就落荒而逃，有的窜入租界被驻军缴械，有的干脆向我缴械投降。我纠察队员抓住时机，频频向敌喊话，我们学生纠察队员也擂鼓助威，到二十二日中午，迫使这批三百余名残敌成了停虏，拱手缴出了大批枪支弹药。这为攻克北站扫清了道路。

二十三日，在党的组织指挥下，召开了有十余万人的游行庆祝大会，欢庆起义胜利，祝贺市民政府的诞生，欢迎北伐军进驻上海。

这一热烈欢庆的激动场面，使我至今难忘。

（本文原载《上海工运史料》1986年第6期）

呕心沥血为革命，一片丹心映赤忱

——采访杨贤江嫡孙杨杰

采访时间：2023 年 10 月 11 日
采访地点：上海大学档案馆会议室
受 访 人：杨杰
采 访 人：徐林佳（主持） 洪佳惠 纪慧梅
整 理 人：徐林佳

杨贤江（1895—1931）

中国教育理论家、青年教育家。笔名李浩吾等，浙江余姚长河（今属慈溪）人。1917 年，毕业于浙江省立第一师范学校，后任南京高等师范学校学监处事务员、教育科职员。1919 年，参加少年中国学会。1921 年，任《学生杂志》编辑。1922 年，加入中国共产党，后协助恽代英编辑《中国青年》。1923 年，在上海大学任教。1925 年，参与发起组织上海教职员救国同志会，兼任上海学生二、三次联合会主席。曾参加上海工人第三次武装起义。1928—1929 年，写成《教育史 ABC》和《新教育大纲》，用历史唯物主义分析教育本质，指出教育为革命服务的方向。1931 年 8 月，病逝于日本长崎。

中国革命教育的先驱

我是杨贤江的嫡孙杨杰，今年已年过六十，退休两年了。通过学习和搜集资料，我对祖父杨贤江的印象变得深刻而独特。首先，他是一位坚定的共产党员和革命家，为中国革命奋斗终身；其次，他也是一位敬业的教育家，被誉为中国革命教育的先驱之一。中央给予他极高的荣誉，称赞他为马克思主义教育理论家、杰出的青年运动领导人、坚定的共产主义战士。

他的坚定性在1927年的大屠杀中得到了充分体现，当时他被国民党中央列为全国通缉的197名共产党要犯之一，名列浙江省的第三位。而他之所以被称为马克思主义教育理论家，是因为他除了平时对教育学和心理学的深入研究外，还撰写了两本具有重要意义的著作：《教育史ABC》和《新教育大纲》。《教育史ABC》是中国学者首次运用唯物史观结合中国教育实践来阐述教育发展历程的作品，具有划时代的意义。而《新教育大纲》则是中国最早尝试运用马克思主义观点来编写和阐述教育原理的著作，为人民教育事业奠定了初步的基础。

1924年《民锋杂志》刊登杨贤江《中国青年之敌》一文

祖父的这些成就和贡献，使我深感自豪，并激励着我继续更好地做好本职工作。

我祖父在他的教育事业中也曾遭遇过不少困难与挑战，其中1924年的反"国故毒"运动便是其中之一。当时的统治者出于政治考虑，试图将青年学生引向封建复古的教育方向，以此束缚他们的思想，让他们对外部世界充耳不闻。例如，有个学校甚至举行了国文会考，主要考查八股文等古文内容，其目的就是要将学生困在故纸堆中，让他们无法参与和了解外部事务。这种趋势对学生运动是有害的，因为它限制了青年人的视野和思想。为了反对这种复古倾向，上海地委以及党中央的陈独秀、我祖父杨贤江、恽代英等人积极参与了这场论战。他们与学阀们展开了激烈的辩论，虽然现在看来这像是一场口水仗，但在当时，这是一场关乎意识形态的严肃斗争。学生是这场斗争的主要争夺对象，而论战本身也锻炼了包括我祖父在内的中国早期的共产党员。通过这场论战，他们不仅坚定了自己的信念，也提高了自己的思辨能力和斗争经验。

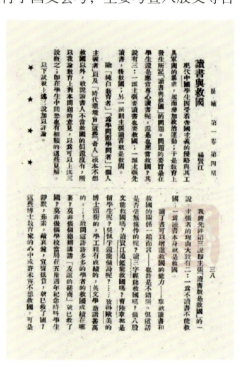

1926年，《晨曦》杂志刊登杨贤江《读书与救国》一文

学生运动的使命

在党的"三大"之后，国共合作的工作方针提出，旨在推动国民革命运动。当时，青年们的爱国热情异常高涨，然而，文化教育界却存在

1921年少年中国学会第二届年会合影（前排右二为杨贤江，左二为恽代英）

着一股传统守旧的势力。他们不仅反对学生运动，更试图通过宣扬所谓的"读书救国、科学救国"等口号来误导青年，以维护自身的统治地位。在北洋军阀的统治下，社会急需变革，否则将无法前行。为了应对这一形势，党中央在"三大"后，决定在上海由恽代英、杨贤江等同志负责领导青年学生运动。他们根据党的指示和当时的实际情况，开展了大量工作。主要目的是批判当时脱离政治的学校教育，并引导青年学生积极参与社会改造运动。青年作为社会的主力军，必须被发动起来，他们的积极性必须得到提高。在国民革命运动中，青年同样是主力军，而学生作为有文化、有思想的青年代表，其运动的重要性不言而喻。因此，当时高度重视并大力支持学生运动，期望通过他们的力量推动社会的进步与变革。

五卅运动的起源，众所周知，源自日本资本家对中国工人的残酷剥削，他们甚至打死了上海日本纱厂的工人顾正红，这一事件成为五卅运动的导火线。顾正红事件发生后，大家在潭子湾的内外棉七厂搭建了一个祭台，为他举行追悼会。在追悼会上，竟然有4名上海大学的学生被捕。我祖父杨贤江和侯绍裘等人，还带着四五名同学前往巡捕房探望他们，鼓励他们不要气馁。日本资本家的剥削行为激起了中国人的反抗。当时，共产党就开始设想将这个运动转化为一场反帝爱国运动，并为此在上海召开了会议。当学生在追悼会上被捕后，中国共产党于30日组织了3 000名学生和工人走上南京路进行抗议。虽然顾正红是由日本资本家打死的，但南京路上却是英国人在制造事端。结果，包括上海大学何姓学生在内的13人在南京路被杀。党中央得知消息后，连夜召开紧急会议，决定要进一步鼓励学生们采取行动。于是，社会的罢课、罢市、罢工三大运动逐渐兴起，成为一股不可忽视的力量。

与此同时，教育领域后来出现了一股逆流，质疑学生仅仅上街喊口号是否真正算作爱国。对此，祖父明确指出，学生运动不仅关乎上街示威，更是肩负着国家命运的重大责任，必须展现出坚定的决心和行动力。尽管三大斗争在1925年6月底被瓦解了，但这并非因为学生运动的方向错误，而是因为当时只有部分民众觉醒，广大民众还未被完全唤醒。有的学生家长也反对学生参与运动，未能充分认识到学生斗争的深远意义。这就需要共产党人继续努力，通过具体措施来启迪民众，激发他们的觉醒意识。

五卅运动结束后，上海学联编辑了一本书名为《五卅后之上海学生》，祖父为其撰写了序言。在序言中，他强调了中国学生在民主革命中肩负的历史使命和民族责任。由于五卅运动中英国人使用了武力，祖父深刻认识到必须在学生中推广军事武装理念，提倡尚武精神的教育。这种思想与后来毛泽东提出的"枪杆子里出政权"不谋而合。因此，学界有评价认为杨贤江是中国知识界中较早主张武装民众思想的人之一。他们通过亲身经历深刻认识到，单纯讲道理是远远不够的，必须武装学生和民众，让他们掌握武器，为未来的斗争做好准备。这也为后来的三次武装起义奠定了思想基础。

天通庵之战

三次武装起义是反对北洋政府的重要行动。在第一次起义的筹备会议上，陈独秀提出了与大资产阶级联合进行国民革命的策略，认为国民革命需要资产阶级和无产阶级的联合力量。在第一次和第二次起义中，我祖父杨贤江都积极参与了组织工作。由于五卅运动的经验，武装起义准备工作不充分，他对起义的成功并不乐观。

到了第三次武装起义，祖父根据党的指示，在上海地方党组织的支持下，组织了上大学生纠察队，他熟悉商务印书馆的工人纠察队组织，与商务印书馆的工人纠察队关系密切，彼此打成一片。党中央考虑到他的这一优势，便委派他负责组织工作。

其中一场关键战斗是攻克天通庵火车站，该站位于现今的虹口区。工人纠察队出动了100多名工人，而上海大学则组织了40余人的队伍，包括党员、团员、外围积极分子和群众。祖父担任队长，他们紧密配合，成功攻克了火车站的派出所，并着手破坏铁路，以阻止北洋军阀的军队增援。当夜幕降临，他们选择在景贤女中①附近宿营时，却接到了紧急情报。北洋军阀的山东大刀队正趁着夜色朝景贤女中逼近。大刀队以勇猛著称，而景贤女中内大多是年轻的女孩子，形势十分危急。听到汇报后，祖父迅速作出决策，他命令学生们立即翻墙转移到隔壁的租界以确保安全。同时，他带领其他人持武器守在大门，准备迎击敌人。幸运的是，没过多久，周恩来派遣的武装力量前来增援。在双方的共同努力下，他们成功击退了北洋军队，取得了天通庵战役的胜利。这场胜利不仅彰显了工人阶级和学生们的英勇斗争精神，也为推翻北洋政府的统治奠定了基础。

天通庵战役是第三次武装起义中一段非常重要的插曲。经过30多个小时的激烈战斗，第三次武装起义最终取得了胜利，这也是上海大学的光荣。当了解到这段故事后，我不禁产生了好奇心。祖父杨贤江原本是一个书生，但他却勇敢地拿起武器，与装备精良、手持大刀的北洋军队和山东军阀进行了殊死搏斗。这种勇气和决心令人钦佩，也让我觉得他非常了不起。

---

① 当时景贤女中在上海设有分部，在老靶子路（今武进路）附近。

呕心沥血为革命，一片丹心映赤忱——采访杨贤江嫡孙杨杰

红色朋友圈

邓中夏与祖父的相识源于少年中国学会。虽然现有公开资料表明邓中夏是祖父加入中国少年学会的介绍人，但我在一份回忆录中发现，当时实际情况是需要四名评议员，而当时只有三人，因此邓中夏被邀请加入，从而与祖父相识。后来，邓中夏负责上海大学的事务，同时他也是北京大学预科的学生，师从李大钊。祖父与李大钊先生也有交集，早在20世纪20年代，李大钊先生就曾在上海大学发表过演讲，这使得他们之间的同志关系更加紧密。

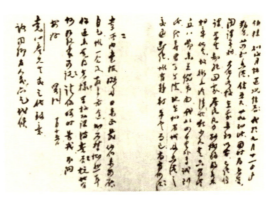

在杨贤江日记中，记载着与恽代英的来往

恽代英与祖父的通信联系始于1918年，当时是恽代英主动写信给祖父。祖父在1917年从浙江第一师范学校毕业后，便前往南京高等师范学校工作，担任教育科的科员和学监，主要负责行政工作，包括管理学生、财务以及印刷讲义等繁琐事务。由于祖父工作认真，深受陶行知先生的欣赏和满意。在少年中国学会的登记表中，祖父明确表达了他毕生后要从事青年教育工作的决心。而当时，恽代英正在中华大学致力于推动互助组的发展。他经常在《学生杂志》上看到祖父发表的文章，提倡"兼善"的理念，即通过某种纽带来连接人与人之间的关系。这与恽代英的互助组观念不谋而合，因此两人有了共同语言，并经常保持书信联系。到了1918年的后半期，恽代英还把自己的弟弟恽代贤介绍给祖父认识。他告诉祖父："我有个弟弟叫恽代贤，现在就在你们学校念书。你有什么事情可以跟他联系，请多多关心他。"通过

恽代贤的牵线搭桥，祖父与恽代英的关系更加亲近了。祖父是个热心肠的人，恽代贤还向他透露了家里的身世等情况，进一步加深了彼此的了解和信任。

沈雁冰是祖父的入党介绍人，后来他也和祖父一样前往日本。当沈雁冰住在东京时，祖父通过信件建议他到京都居住，因为京都的物价更为便宜。不仅如此，祖父还帮助沈雁冰在京都找到了住处。沈雁冰是一位进步人士，他和祖父之间建立了深厚的友谊，彼此都是志同道合的同志和朋友。

董必武和林伯渠后来也相继前往了日本。董必武在1928年1月份抵达，而林伯渠则是在2月份抵达。原本董必武计划前往苏联，但多次尝试都未能成功，于是中央建议他联系杨贤江，董必武便转而前往日本找到了祖父。在祖父的帮助下，董必武顺利解决了前往苏联的问题，因为从日本敦贺港到海参崴的交通线正是由祖父掌握的。祖父那时是中共东京特支负责人。同样的，林伯渠原计划前往苏联但未能成功，祖父同样安排了他通过这条重要的交通线前往苏联。因此，这条由祖父掌握的交通线在当时起到了至关重要的作用。

郭沫若带着家人来到日本后，也得到了祖父的悉心关照。祖父曾专门去看望他，并提醒他日本警视厅正在监视他，让他务必小心行事。祖父原本也打算安排郭沫若通过去苏联的线路离开，但郭沫若因其家庭情况复杂，有顾虑，带着十几个人难以行动，最终未能成行。果不其然，不久后警视厅就找上了郭沫若的麻烦。幸运的是，由于提前处理掉了敏感物品，郭沫若并未被关押太久就释放了。

尽管当时的政治形势极为恶劣，党员们最好避免抛头露面，但祖父杨贤江始终牢记党组织的任务和要求，义无反顾地去完成。那时候的日本相对来说还算比较开放，因此吸引了许多共产党员前往，包括中国民主革命的先驱孙中山先生等众多革命志士。这也与当时的政治环境松紧程度有着密切的关系。

杨贤江在上大

上海大学很早便建立了党组织和共青团组织,最初由瞿秋白负责,他离开后则由我祖父杨贤江接手。在1925年之前,党的基层组织被称为"组",如上海大学的党组织就被称为"上海大学组",大约在1925年6月之后,党作出决议更改了基层组织的名称,此后便被称为"支部"。中国最早的共产主义实践活动许多都是在上海大学进行的,五卅运动也是从这里策源的。

虽然从注册资料看,祖父是属于中国文学系的,但根据我的了解,他更多是在社会科学系授课,或许可以认为他实际属

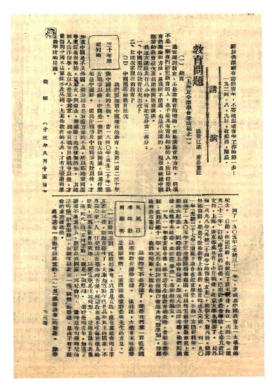

1924年8月,《民国日报·觉悟副刊》刊登杨贤江在上海夏令讲学会上的演讲《教育问题》

于社会科学系。在80年代,我在香港三联书店购买了一本书,该书专门介绍了上海大学的校友。其中有一篇散文描绘了社会科学系各位教授的风采,文中提到祖父杨贤江的风格诙谐风趣,且形象颇佳,总是西装革履。

祖父主要在上海大学社会科学系和附属中学工作。当时附中的主任是侯绍裘,但后来侯绍裘与张闻天前往苏州开展地方党建工作,于是高中部便由祖父杨贤江负责,而初中部则由高尔柏管理。上海大学也可以说是祖父杨贤江的母校。

祖母姚韵漪

姚韵漪

我的祖母姚韵漪也是上海大学的学生。我与祖母的接触相对较少，因为她长期在北方工作，退休后居住在天津，虽然也来过南方。在70年代，每个家庭的条件都有限，生活上大家都差不多。祖母不太适应南方的寒冷，所以她来上海的时候，叶圣陶先生一直非常关心她。叶圣陶先生称她为"姚大姐"，并与她原来在商务印书馆的同事们都是好朋友。在叶圣陶的笔记里，经常可以看到这样的问候："姚大姐，现在还好吧？暖气够不够用啊？"那时候的友情真的是充满了革命情感。

祖父去世后，社会也处于动荡之中。祖母作为教师，不得不频繁更换教书地点，经历了颠沛流离的生活，但无论如何她都坚持在教育岗位上。她是杭州女子中学毕业的，那所学校以培养大家闺秀而闻名，但祖母并非出身富贵人家，而是穷苦家庭的孩子。祖母不仅学业优秀，还精通古诗词。她参与了新中国第一批中学语文课本的编辑工作。父亲告诉我，在抗战时期，祖母的日子过得非常艰苦。

1926年《儿童世界》刊登姚韵漪设计的儿童游戏《还我河山》的说明

后来她去了松江女子中学任教,并当选过松江第一届人民代表。之后,叶圣陶先生和他的朋友们邀请祖母北上工作。祖母的大致情况就是这样。组织上也一直非常关心她,她曾多次参加国庆观礼活动。

师生寄语

我希望更多教育工作者能够去了解、研究杨贤江的教育思想,并进一步弘扬和传承杨贤江精神。在全国政协礼堂举行杨贤江诞辰100周年纪念大会时,中共中央政治局常委李岚清同志作了书面发言并指出,杨贤江的教育思想是国之瑰宝。1981年,中央五位老同志也强调了传承杨贤江思想的重要性。《杨贤江传记》的封面题字由胡乔木同志挥毫,而内容则是

杨杰先生与口述历史档案采集团队合影

由党史办金立人研究员与华东师大的贺世友教授共同编写。商务印书馆还出版了《杨贤江纪念集》，该书由陈云同志题字，陈云同志与祖父杨贤江都曾在商务印书馆共过事。

在筹备编写北京1 000个历史传记时，浙江和上海都希望争取到祖父的传记编写权。但考虑到祖父的革命实践和活动主要集中在上海，上面最终决定由上海来承担这一任务。我希望上海大学能够涌现出一批专门研究杨贤江的教师。在此，我要特别提到张建华教授，她是国家二级教授。张教授专注于高校思想政治教育研究，现在是天津财经大学的马院教授。尽管已经60岁，但她依然活跃在学术领域，培养了十多名研究生专门研究杨贤江教育思想。目前，她正在主编新版《杨贤江全集》。

最初我们家属积极推动杨贤江研究，后来全国也成立了杨贤江研究会。不仅国内关注杨贤江，国外也有学者对其进行研究。据我们所知，日本先后有五位学者在研究杨贤江，涉及的主题包括杨贤江与《学生杂志》、杨贤江与日本以及杨贤江与学习法等。这是目前我们了解到的日本学界对祖父杨贤江的研究情况。

最后，我衷心希望更多的教师能够深入了解杨贤江的精神，研究如何将其融入教学之中，从而更好地弘扬和传承这一宝贵的精神财富。

红色家谱　烈火流年

——采访林钧长孙朱风

采访时间：2021 年 9 月 24 日
采访地点：上海大学档案馆会议室
受 访 人：朱风（林钧长孙）　胡素丽（林钧孙媳）
采 访 人：洪佳惠（主持）　卢志国　孙蕊　郭亮　彭青莲
整 理 人：高源聆

林　钧（1897—1944）

又名少白，上海川沙人。早年就读于江苏省立第一师范学校，因家贫辍学到南汇、川沙等小学任教。1924 年 7 月，进入上海大学社会学系学习；同年，加入中国共产党。1925 年 6 月 11 日，上海工商学联合会在南市公共体育场举行市民大会，任大会主席。后任上海学界、工商界五卅烈士丧葬筹备处主任。1926 年 5 月 29 日，主持上海各界在闸北方家桥举行的五卅烈士公墓奠基仪式；同年 12 月，任上海市特别市民公会党团书记。1927 年 3 月 22 日，上海特别市临时政府成立，当选市政府委员兼秘书长，主持市政府日常工作；同年，参加中国共产党第五次全国代表大会。参加南昌起义，在随起义部队南下途中被打散，与部队失去联系后回家乡任中共浦东工作委员会书记、中共淞浦特委宣传部部长等。抗日战争期间，在川沙、崇明等地开展抗日武装斗争。1936 年 11 月 17 日，上海大学同学会总会召开第一次理事会，任会议主席并当选常务理事。1944 年 5 月遇害。

踏入上大

我的祖父林钧烈士出生于1897年，他原本应该姓朱。在年幼的时候，他的父母因疟疾不幸离世，因此他从小在姨母家长大，并跟随姨父姓林。当我父亲出生后，朱家人坚持要求我父亲恢复朱姓，因为他是长子。因此，我姓朱，而我的叔叔和姑姑则仍然姓林。在我们祖父母所生的四个孩子中，只有我们家这一支姓朱。

我们家自清朝起就是书香门第，祖祖辈辈几乎都是教师，都接受过私塾教育。因此，我祖父从小就是一位热爱读书的人。他最初选择的是师范教育，毕业后虽然年纪尚轻，但在进入上海大学深造之前，他已经是一名小学老师了。

祖父在小学任教时就开始宣传进步思想，他常常会把一些进步刊物如《新青年》等给学生们阅读。由于他亲身经历过困苦，对当时的社会充满了同情和悲悯，因此他与普通百姓有着紧密的联系。每当遇到有人欺压百姓时，他总是义无反顾地站出来打抱不平。尽管他是一位文静的读书人，但他的骨子里却有着强烈的正义感。

1924年春，祖父由于与南汇县万竹堂小学学监克扣学生伙食费、侵吞公物等行为作斗争而被校方解聘。这一年7月，他考入上海大学社会学系，正是在这里，他真正踏上了革命的道路，找到了革命的真谛，并结识了许多革命的良师益友。此后，他的许多事迹都与上海大学的师生紧密相连，他也因此成为从上海大学走出的众多革命先烈中的一员。

在上海大学学习期间，我祖父林钧有幸在瞿秋白和恽代英的直接指导下，系统地学习了马克思主义理论，并立下了投身革命的坚定决心。他曾

红色家谱　烈火流年——采访林钧长孙朱风

在上海大学附设的平民学校担任校务主任和委员，致力于向青年工人们灌输革命思想。1924年10月10日，他与上海大学的学生们共同参加了"双十节"庆祝活动，但在活动中却遭到了国民党右派的暴力袭击，然而这并未动摇他的革命决心。同年11月，他主持了上海大学平民学校庆祝十月革命的大会，随后被选为上海大学学生执行委员，并参与了上海学生联合会的领导工作。不久后，他在恽代英和瞿秋白的介绍下加入了中国共产党。1925年3月，他作为上海学生界的代表，赴北京参加了国民会议促进会全国代表大会。在五卅运动中，他勇敢地冲击了英租界，积极组织和推动了罢工、罢市、罢课的斗争。随着上海工商学联合会的成立，他担任了总务委员的重要职务。同年6月，上海工商学联合会在上海南市公共体育场召开了规模盛大的十万人大会，他与李立三等同志被推选为代表。上海大学的革命先驱们为我祖父林钧指明了革命道路，坚定了他的革命信念，而这条道路也为党和国家培养出了无数杰出的人才。

1924年10月26日，《民国日报》刊登林钧所撰的"双十节国民大会中一幕惨剧的报告"

革命风云

在南昌起义之前，我祖父先抵达了武汉，之后才与周大根和郭毅一同参加了南昌起义。实际上，我的祖母最初是我祖父的学生，他们在武汉相遇，并在八一南昌起义时期喜结连理。祖母是受过教育的，在那个年代，

191

受过教育的女性并不多见,有种观念认为女性只需认识十个字便足矣,这实际上是对女性行动自由的一种限制。尽管祖母的家庭反对她与祖父结婚,但她还是坚定地选择了与祖父共度一生,并为祖父的革命事业作出了巨大的贡献。为了让他们的生活得以改善,祖母的母亲在上海为她开设了两家商店。这些商店后来成为革命联络站,之后由于筹集资金的需要,逐渐被变卖。

南昌起义后,祖父的部队被打散,他被迫返回上海从事地下工作。此时,他与祖母已经结婚,有了自己的家庭。他们把位于富民路的家变成一个革命根据地。如今,由于城市动迁,原来的家已经不复存在,取而代之的是巨鹿大厦。祖父和祖母一生共有四个孩子,前三个是

1929年3月1日,《申报》刊登《警备部通缉林钧》的消息

男孩,最后一个是女孩。他们辛勤付出,将所有孩子都培养成了大学生。两人相濡以沫,共同度过了风风雨雨的一生。

我祖父牺牲后被残忍地抛弃,当人们找到他时,仅剩下了骨头,还是当地的老百姓发现了他并为他进行了安葬。解放后,周恩来总理对我祖父的后事表示了深切的关心,他亲自给上海市委写信并嘱咐要找到我祖父的遗骨。随后,上海相关部门前往我祖父可能的牺牲地点进行搜寻,并依靠当地民众的帮助,最终找到了他的遗骨并运回。在我祖父牺牲70周年的纪念会议上,浦东新区的组织部部长赞扬我祖父为浦东的第一个党员,并誉他为"浦东地区革命的第一人"。原先,我祖父的遗骨被安放在龙华烈士陵园,但后来应浦东方面的要求,他的遗骨被迁移至了浦东(川沙),这是因为浦东方面认为我祖父作为该地区的第一个党员,具有特殊的历史地位和意义。

传家之韵

在上学时期，我看了电影《永不消失的电波》，意外发现里面的主角竟然和祖父有些神似。由于祖父常常不在家，而且有人在外追杀他，所以他与家人相聚的时光非常稀少。我记得父亲对我说过，有一次他深夜回家，轻轻抱起还在睡梦中的父亲，只抱了一小会儿，便匆匆离去。因此，在我父亲的一生中，与祖父的相见次数寥寥无几。父亲对祖父的记忆并不深刻，这主要是因为在父亲大约十岁之前，祖父曾在南京度过了长达八年的牢狱生活，与家中完全失去了联系。而这也是我父亲和二叔年龄相差十岁的原因。因为祖父鲜少在家，所以有一天他突然回来，说要带父亲去跑马场，这让父亲感到格外珍贵。表面上这是一次普通的出游，但实际上，祖父是利用这次机会，以父亲为掩护去进行秘密接头。

然后来说说我的父亲。我的父亲是 1948 年的大学生，在解放前，他就被党动员去支援东北的建设，所以我出生在东北，只是偶尔会回上海。小时候我什么也不懂，直到"文化大革命"时期，我才意识到我们家是"黑五类"。那时，我父亲原本是吉林铁路局工务段段长，却被打倒，降为了养路工，负责修铁路。在"文革"期间，十几岁的我来到上海，住在祖母家。但祖母从未向我们提起过烈士祖父的往事。我是从那些常来拜访祖母、与她同龄的人口中，开始逐渐了解到祖父的身份的。他们看到我时，总是亲切地叫我"弟弟"。我因为不懂上海习俗，还曾好奇地问祖母他们是否叫错了。祖母笑着解释说，在上海，人们通常这样称呼小男孩。后来，我才知道这些人的真实身份。他们原来是当年与祖父一同参加革命的学生。他们中还有许多人，在革命中英勇牺牲，成为烈士。而幸存下来的，解放后被分配到了上海市的各个部门工作。这些人在"文革"中受到我祖父的牵连，于是纷纷来到我们家寻求支持和慰藉。他们虽然与祖母同龄，但都对祖母怀有深深的敬意，尊称她为"师母"。

我出生在一个革命家庭，顶着革命的光环成长。尽管我们家后来并未出过高官显贵，一直都是平民百姓，但家中风气始终保持着严谨和低调。我们从不因祖父是烈士而炫耀，也从未因此要求特殊待遇。在北京的时候，祖母年事已高，八九十岁了，父母虽然也年迈，六七十岁，且患有高血压、心脏病等常见疾病，但仍尽心尽力地照顾她。有一次，母亲心脏不适，而祖母的保健医生就在楼上，当时母亲没有药了，想要吃祖母的药，祖母说："我给你钱，你们去外边自己买。"她坚决不允许我们沾国家的任何福利。祖母百年之后，按照她的遗嘱，我们将她名下的房产上交国家。

而我一直在沈阳铁路局吉林电务段工作，直到退休。由于长期生活在东北，我很少有机会来上海。这次能够来到上大，是我一直以来的心愿。上大是我祖父曾经生活、战斗、学习的地方，我一直渴望能够亲身感受这里的氛围。通过阅读相关书籍，我深刻领悟到了上大所具有的红色基因。上大作为革命的摇篮，承载着丰富的红色历史和精神。我衷心希望上大能够继续发扬红色基因，让红色精神代代相传，再创昔日的辉煌！

朱风先生、胡素丽女士与口述历史档案采集团队合影

革命精神不朽　优良家风长存

——采访郭毅幼子郭也平

采访时间： 2020 年 10 月 20 日
采访地点： 泥城革命史迹馆会议室
受 访 人： 郭也平
采 访 人： 洪佳惠（主持）　郑维　郭亮　孙蕊
整 理 人： 徐林佳

郭毅（1905—1942）

又名君毅、均宜、云舟，上海南汇人。1920 年，就读于南汇县第六高级小学，后就读于南汇县师范学校。1924 年，进入上海大学社会学系学习。1926 年 9 月，进入北伐军前敌总指挥部政治训练班学习，结业后加入北伐军，任第 36 军某师政治部宣传干事。1927 年 5 月，参加平定夏斗寅叛乱。四一二反革命政变后，回家乡从事教育工作。抗日战争全面爆发后，参加抗日武装队伍南汇县保卫团第二中队并任参谋。1942 年遭国民党"忠义救国军"劫持并杀害。

革命之路

我父亲名叫郭毅,又名郭君毅,曾用名郭云舟。1905年,他出生在江苏省南汇县东南沿海的一个殷实的农民家庭中,那里现在就是浦东新区泥城镇横港村。我祖父祖母共生有两个儿子,我父亲是老大,叔叔名叫郭珊,曾用名郭林舟。他们兄弟俩小时候就读于横港的发蒙小学。当时泥城地区只有初小教育,没有高小。因此,初小毕业后,他们先后前往大团的南汇县第六高级小学(又名民强高级小学或万竹堂小学)学习。和我父亲同去该校读书的,还有同乡周大根、赵天鹏、赵振麟、鞠耐秋和姜文奎、姜文光兄弟等。他们的体育老师兼语文老师是林钧。林钧老师是川沙人,思想非常进步,积极上进,对泥城的一批学生产生了深远的影响。他在学校组织了一个读书会,我父亲和周大根等泥城籍学生都是读书会的成员。林钧老师还向学生们推荐并指导学习《新青年》等进步书籍,使他们思想得到很大的启发和熏陶。

我父亲高小毕业后考入了南汇师范学校。1924年,在林钧老师的启发和引领下,我父亲和周大根、赵振麟等上大附中学生一同踏入了上海大学社会科学院社会学系的大门。在那里,他们有幸受到了瞿秋白、邓中夏、恽代英、萧楚女、施存统等中国共产党早期领导人的教育和熏陶,思想觉悟得到了进一步的提高。

1925年,上海发生了震惊中外的枪杀顾正红事件。事后,我父亲与上海大学的师生们一起走上街头,宣讲帝国主义对中国人民犯下的滔天罪行。同时,他也系统地学习了马列主义和唯物主义理论,为日后的革命活动奠定了坚实的思想基础。1926年,林钧老师受党组织的委托,介绍我父亲、周大根、赵天鹏、赵振麟、宋益三等五人一同报考了中央军事政治学校（即黄埔军校）武汉分校，当时有一种形象的说法叫"五丁凿路"。1927年5月，我父亲、周大根等一批上海大学的学生积极投入了反对武汉国民政府所辖独立十四师师长夏斗寅武装叛变的斗争。从黄埔军校武汉分校结业后，我父亲被分配到北伐军第36军某师政治部担任宣传干事，北伐失败后，父亲和周大根、赵天鹏一起任教于林钧为校长的鲁家汇观涛小学。1931年，父亲在家乡和叔叔开了一家商店，作为接待挚友和被捕者家属的联络点。1937年，抗日战争全面爆发。八一三事变后，上海沦陷，我父亲与周大根等一批人立即去上海难民救助所开展抗日救亡工作，他们不畏艰难险阻，动员民众和难民们参加抗日武装斗争。

1938年初，周大根受党的派遣，从上海返回家乡泥城，组建抗日武装。当时，泥城已有一支由吴建功建立的抗日武装，名为"泥城人民抗日自卫队"，队员约20人。周大根迅速与这支抗日武装取得了联系，并从当地小学教师和当地农民中积极发展党员。经过短短半年多的努力，这支队伍迅速壮大，从原来的二十几人发展到两百多人，并更名为"南汇县保卫团第二中队"，简称"保卫二中"。周大根担任中队长，吴建功任副中队长，而我的父亲郭毅则担任参谋。这支部队成为当时整个浦东地区第一支真正由中国共产党领导的抗日武装部队，在当地和周边地区与日伪军进行了顽强不屈的斗争，让敌人不得安宁。

1941年，我父亲与林钧、顾小汀等人南渡至浙东地区，开辟抗日根据地，并组建了一支新的抗日武装——淞沪游击中队第一支队。在这支部队中，顾小汀担任支队长，林钧任副支队长，而我父亲则担任参谋长。不幸的是，这支部队后来被国民党89团设计缴械后解散。其时，我父亲身患肺结核，咯血不止。当时，浙东的三支队、五支队和浦东海防大队的许多领导都劝我父亲返回上海接受治疗，因为上海的医疗条件相对较好。他们希望我父亲能够先治好病，然后再继续投身抗日事业。

1942年9月，我父亲乘船从浙东返回浦东，在当时属于川沙县（现今属于崇明）横沙岛东面一个小岛的洋面上被国民党"忠义救国军"张阿六部队下的一名大队长陆安石劫持。陆安石询问我父亲他们的身份和职业。我父亲声称是做生意的，但船上只有三个人，即我父亲、警卫员李芳、勤务员陈申元，并没有任何货物。陆安石从他们身上搜出了两支枪，真是无巧不成书，原来，这两支枪正是浦东海防大队大队长张大鹏率部与"忠义救国军"陆安石部在海上交战时缴获的。冤家碰上了对头，不由分说，我父亲一行三人被枪杀在海滩上，三人的尸骨未见影踪。作为郭毅的儿子，这是我终生难以忘怀的憾事！

良师益友

林钧对我父亲的影响极为深远。我曾见过一张林钧、周大根和我父亲三人在五卅小学教书时的合影，从照片中就能感受到他们之间的深厚情谊。父亲与林钧、周大根共度的时光，占据了他人生三分之一的时间。他们在小学一起生活，在上海大学一起求学，又在观涛小学、五卅小学一起任教，还一起在浙东组建抗日队伍，开辟抗日根据地。

在一次纪念林钧的活动中，我感慨道：我父亲与林钧的关系非同一般，最初是师生，后来成为同学、同事，再后来成为战友。从这些关系中，可以看出林钧对我父亲的厚爱、信赖和尊重，他总是在关键时刻为我父亲指点迷津和倾力相助。

林钧（右）与郭毅（左）及友人的合影

林钧与我父亲之间有着师生、同学、战友、同事这四重深厚的情谊，而我与我父亲，则只有最纯粹的父子之情。当他们在大团小学求学时，林钧不仅对我父亲和周大根等关怀备至，他对所有来自泥城的学生都充满了爱。在泥城人民群众中流传着这样一句话：泥城之所以孕育出众多的仁人志士，之所以能够成为红色革命的根据地，林钧老师功不可没，贡献卓越！

亲友眼中

我父亲去世时，我还只是个五六岁的孩子。因此，关于他的形象，我只能从母亲、哥哥、姐姐以及郭亮的爸爸和爷爷的口中得知。他们描述中的父亲身材高大修长，身高大约1米8，非常注重仪表和穿着。在我们这个成陆至今才200多年的乡下地方，那个时代穿西装皮鞋的人相当罕见。我父亲常常身穿西装，脚蹬皮鞋，英俊潇洒，给人留下深刻的印象。关于我父亲的性格，我听叔叔说，他是一个非常要强的人。一旦认准了某件事，就一定会坚持到底，绝不会半途而废。同时，他也有温柔的一面，对待子女从不打骂，总是耐心教育，循循善诱。他对待长辈更是尊敬孝顺有加，对他们没有丝毫不敬之言、怨恨之语。他告诫我们尊敬父母、长辈是我们郭家人的家风和优良传统，我们必须坚守、继承并发扬光大。至今，我们这一代人都已经继承了这一传统，但能否继续发扬下去，就要看我们的后辈们了。

我父亲是个多才多艺的人，他热爱体育和文艺，并且在这些领域都有一定的造诣。我曾经在一些资料中看到，父亲能够编写故事，谱写歌曲。林钧老师在上海闸北五卅小学担任校长时，他聘请我父亲和周大根担任教师。1935年，为了纪念五卅运动十周年，林校长希望他们创作一首歌曲，他们也不负重托，创作了一首名为《"五卅"周年纪念歌》的歌曲，并在校内传唱。父亲和周大根在崇文小学任教期间，还一起创作了崇文小学校歌。这些歌曲紧紧围绕着抗日爱国的主题，包含着对祖国的深深热爱和对学生们的厚望（这两首歌均被《南汇文化志》摘录）。街坊邻居们也都对我父亲

林钧、郭毅等共同创作的《"五卅"惨案周年纪念歌》

的才能和为人赞不绝口，称赞他既有文才又有武略，是一个有知识、有文化的人。他在待人接物方面也表现得非常得体，深受大家的好评和赞许。

我母亲曾称赞我父亲是个非常善良且无私的人，他所付出的一切都不是为了自己，而是为了更广大的人民群众。正因如此，我母亲始终无怨无悔地支持着我父亲。可以说，我父亲能够毫无后顾之忧地投身于战斗、革命和工作，离不开我母亲的坚定支持，在我父亲取得的成就中，我母亲同样功不可没。

优良家风

说实话，我父亲没有给我们留下丰富的物质财富。1941年，他和同伴们前往浙江开辟浙东抗日根据地时，动员了上海当地的不少人和难民所的难民们积极参加，但他们都是缺衣少食，所需的经费数量很大。于是我父亲毫不犹豫地地变卖了部分家产，包括土地，解决了南渡经费和大家的生活费用。

父亲虽然没有留给我们丰富的物质财富，却留给了我们宝贵的精神财富，他那种保国为民和不忘初心的精神永远铭记在我们心中。在北伐时期，他高喊"反对军阀混战，反对国家分裂"的口号；在抗日战争时期，他又主张"团结一致，共同抗日"。他始终将维护国家的统一独立、人民的利益和民族的尊严放在首位，这种情怀和精神无论是在过去、现在还是未来，都应该被我们铭记并传承下去。为了国家的繁荣昌盛和人民的幸福生活，父辈们已经努力奋斗了一生。这项伟大的事业并没有因为时间的推移而停止，现在的我们依然在为之努力，未来的一代代人也将继续肩负起这一重任。我希望我们的子孙后代都能牢记这一点。

父亲为我们留下的另一笔精神财富是郭家的家风和传统。在我们郭家，家族成员之间从未因为任何私利而发生过争吵和矛盾，自始至终坚守敬老孝亲、互帮互助、互谦互让、和睦相处的规矩，这在当今社会仍然必须提倡和发扬。我们这一代已经做到了，希望我们的下一代也能做到，并代代相传。

此外，我要特别提到我的母亲。她是一位伟大的女性，对我父亲的选择给予了全力的支持和理解，从未有过任何怨言。他们一共生育了我们四个子女，我是最小的一个。母亲任劳任怨含辛茹苦地将我们抚养成人，我们也没做过一件给他们丢脸的事。

我的胞兄、也是我最大的哥哥在解放前就参加了革命，后来成了人民海军的一员，是离休干部。我们这一代人没有忘记父亲的教导：认认真真读书、踏踏实实做事、老老实实做人。我们的下一代基本上都做到了这一点，这让我感到非常欣慰。

无论是保国为民的精神还是我们郭家的家风，都是我们必须继承并发扬光大的宝贵财富。这些精神财富将永远指引着我们前行，让我们在追求个人梦想的同时也不忘为国家和民族的繁荣富强作出自己的贡献。

红色血脉

1924年，在林钧的引领下，我父亲和周大根一起来到上海大学。在上大，我父亲在前辈们先进革命思想的教育下，思想得到了进一步升华。特别是在1925年，在五卅运动中，上海大学师生起到了至关重要的作用，我父亲和同学一起上街散发传单，揭发日本帝国主义无故枪杀中国平民的恶行。在革命斗争时期的关键时刻，上海大学的学生一直走在运动的前列，起到了模范带头作用。

因此，上海大学承载着深厚的红色基因，这一传统必须得到持续传承与发扬光大,绝不容许中断。任何中断上海大学红色基因传承的行为,都是对历史的不负责任,是对革命精神的亵渎,甚至是不可饶恕的罪过。我的孙子也是上海大学的毕业生,也是一名党员,他肩负着传承红色基因的重任。上海大学的新一代学子,以及未来的上大人,都应当深刻铭记并继承红色革命传统。无论出生于哪个时代,无论身处何种环境,都应当时刻牢记中国共产党的历史使命,不辜负上海大学的期望,不愧对上海大学这个光荣的校名。我衷心希望上海大学不仅能够在国内享有盛誉,更能够走向世界,让全球都了解并认可中国这所优秀学府——上海大学。

之前,我阅读了《上海大学(1922—1927)走出来的英雄烈士》以及《百年上大画传》两本书。在《画传》中,我意外地发现了父亲的照片和简历,这令我非常感动。从这些细致入微的编辑中,我能深切地感受到学校为此付出了巨大的精力。因此,我衷心感谢上海大学提供了这样一个难得的机会,搭建了如此珍贵的平台,让我得以缅怀自己的父亲,并深刻铭记他的革命精神。你们为了记录和传承我父亲这一代人的英勇事迹而不辞辛劳,我对此感激不尽。

郭也平先生与口述历史档案采集团队合影

后记
POSTSCRIPT

在口述历史档案采集的过程中,团队经历了许多挑战,也收获了许多。这段经历不仅让团队成员们更加深入地了解上海大学的历史和文化,更让大家感受到了口述历史的独特魅力和价值。

口述历史档案采集工作并非易事。负责联络的"小伙伴"需花费大量的时间和精力联系与沟通,拟写提纲的"小伙伴"需根据具体事件查阅大量历史资料,整理文稿的"小伙伴"除了要克服"方言障碍"外,还需对文稿中涉及的具体时间、地点、人物一一查证,大家的共同目标都是要确保获得真实、全面的历史信息。即便如此,初具雏形的文稿仍旧疏漏重重,这里不得不感谢各位受访者的悉心指导和耐心纠错。他们的这份悉心和耐心来自对学校的深厚情感和对父辈的由衷敬仰,更来自对事实的敬畏和对历史的守护。从他们饱蘸深情讲述校史的话语中,团队成员感受到了学校历史的鲜活和厚重;从他们对待历史的严谨态度中,团队成员学习到了"习史""写史"中所必须具备的秉烛求真、务本寻实的精神。

从采集到成书,这是一趟充盈着愉悦和感动的心灵之旅。在这个过程中,团队成员得到了许多启示。大家意识到,历史并非仅仅是文字和图片的堆砌,更是人们心灵的记忆和情感的流溢。口述以其独特的方式,让人们能够更加真实、全面地了解历史，从而更好地铭记过去、开创未来。同时，大家也体会到了传承的重要性，高校的历史和文化是一代代学子共同创造的，大家有责任将这些宝贵的财富传承下去，让更多年轻人了解、理解这段历史，并站在前人的肩膀上瞭望未来、开拓未来。

最后，要对所有受访者再次表示由衷的感谢，他们的支持和配合使得这本口述实录得以顺利出版。这项工作的完成也非一人或一团体之功——感谢校党委宣传部和校离退休处给予的支持和帮助；感谢上海大学档案馆馆长卢志国的鼎力相助，卢馆长不仅躬身加入口述团队，还在文字、结构上对本书提出许多精妙的修改意见；感谢徐国明、郑维、张友菊、吴静、孙蕊、郭亮、纪慧梅、彭青莲、李倩倩、吉雯璇、高源聆、徐林佳、蒋菁、李同、张屹等新老团队成员的辛勤付出，他们的专业素养和不懈努力使得珍贵的历史得以准确记录，他们的"传帮带"使得这项工作有了传承和接续。感谢上海大学出版社傅玉芳、柯国富两位编审的倾力相助。

上海大学档案馆将持续推进口述历史档案的采集工作，并将这些珍贵的口述历史结集成册，编辑出版，以飨读者。这既是对阶段性工作成果的综合性梳理和总结，也是为讲述上海大学校史、弘扬上海大学精神所尽的一份绵薄之力。然而，受编者水平所限，书中必有不少舛错，也希冀获得读者的批评及指正，以共同推动校史研究的深入与完善。

编　者

2024 年 4 月 30 日